北京市纳米科技产业发展模式及策略

余吉安 任红轩 李 萌 编著

科学技术文献出版社
SCIENTIFIC AND TECHNICAL DOCUMENTATION PRESS

·北京·

图书在版编目（CIP）数据

北京市纳米科技产业发展模式及策略 / 余吉安，任红轩，李萌编著. —北京：科学技术文献出版社，2018.12
ISBN 978-7-5189-4840-6

Ⅰ.①北… Ⅱ.①余… ②任… ③李… Ⅲ.①纳米技术—高技术产业—产业发展—研究—中国 Ⅳ.① F279.244.4

中国版本图书馆 CIP 数据核字（2018）第 225877 号

北京市纳米科技产业发展模式及策略

| 策划编辑：周国臻 | 责任编辑：杨瑞萍 | 责任校对：张吲哚 | 责任出版：张志平 |

出 版 者　科学技术文献出版社
地　　址　北京市复兴路15号　邮编 100038
编 务 部　（010）58882938，58882087（传真）
发 行 部　（010）58882868，58882870（传真）
邮 购 部　（010）58882873
官方网址　www.stdp.com.cn
发 行 者　科学技术文献出版社发行　全国各地新华书店经销
印 刷 者　北京虎彩文化传播有限公司
版　　次　2018年12月第1版　2018年12月第1次印刷
开　　本　710×1000　1/16
字　　数　78千
印　　张　7.25　彩插2面
书　　号　ISBN 978-7-5189-4840-6
定　　价　38.00元

版权所有　违法必究

购买本社图书，凡字迹不清、缺页、倒页、脱页者，本社发行部负责调换

preface 前 言

当前，我国经济正加快由高速增长阶段向高质量发展阶段转变，科技事业也应如此，推动科技向高质量发展转变，势在必行。纳米技术被认为是引发下一场工业革命的新兴技术之一。印刷制造、材料、金属、石化等传统行业已经开始谋求通过纳米技术实现产业转型与升级，纳米化成为多个行业追求高性能目标、复合化技术、绿色化发展的核心手段，是世界经济发展的必然趋势。为适应新时代发展要求，纳米科技产业已经发展成为一种横向产业，渗透于各大产业之中，助推传统产业的升级。同时，纳米产业还为一批战略性新兴产业提供了强有力支撑，如节能环保产业、生物医药产业、电子信息产业、新材料产业、新能源产业等，丰富了国民经济产业结构，促进了经济绿色可持续发展。目前，纳米技术不仅引起了政府层面的高度重视，也让众多大型企业认识到了纳米技术对自身发展的重要性，纷纷在产品研发与生产中引入纳米技术，纳米技术在我国材料、信息、生物医药等行业也已经得到了广泛的应用。

我国纳米领域专利数和论文数量位居世界第一，但相对发达国家来讲，国内纳米领域的基础研究实力强劲，而在产业化方面却有很大差距。北京市纳米科技产业园区作为国家级产业基地，集科技创新、成果孵化、产业支持等功能于一体。纳米科技园区的成立作为促进我国传统产业升级和培育新兴产业的杠杆之一，推动了纳米技术在能源、电子、环境、生物医药四大领域的应用，促进了纳米产业链的聚集发展。截至目前，已有46个项目入驻园区，发展迅速，成效显著。

  本研究从经济学和管理学的角度对北京市纳米科技产业特点、发展现状等进行分析，借鉴国内外优秀产业发展模式，深入总结北京市纳米科技产业发展过程中形成的有益模式和经验，提出"政府—技术—人才—市场"四角联动发展模式，以及对应的路径与措施，涉及科技研发、成果转化、产业升级等多个阶段，为后续北京市纳米科技产业快速发展和我国纳米科技产业发展提供借鉴。

contents 目 录

- 1 绪论 ·· 1
- 2 纳米科技产业经济学分析 ··· 5
  - 2.1 产业布局 ··· 5
    - 2.1.1 产业链布局 ··· 5
    - 2.1.2 空间布局 ·· 13
  - 2.2 产业结构 ··· 14
    - 2.2.1 战略性新兴产业 ································· 15
    - 2.2.2 传统产业的升级 ································· 21
  - 2.3 产业发展趋势 ·· 25
- 3 国内外纳米科技产业发展状况 ·································· 27
  - 3.1 国外纳米科技发展状况 ·································· 28
    - 3.1.1 美国 ·· 28
    - 3.1.2 欧盟 ·· 31
    - 3.1.3 日本 ·· 33
    - 3.1.4 俄罗斯 ·· 35
    - 3.1.5 韩国 ·· 36
    - 3.1.6 德国 ·· 37
  - 3.2 国内纳米科技发展状况 ·································· 38
    - 3.2.1 苏州 ·· 38

3.2.2　上海 …………………………………………… 41

4　北京市纳米科技产业的发展现状、战略目标与模式 … 43

4.1　北京市纳米科技产业发展现状 ………………………… 44
4.1.1　北京市纳米科技创新状况 ……………………… 44
4.1.2　北京市纳米科技产业集聚发展状况 …………… 45
4.1.3　北京市纳米领域创新创业环境的营造状况 … 46
4.1.4　产业投入与效益 ………………………………… 49

4.2　北京市纳米科技产业发展的外部环境分析 …………… 52
4.2.1　政策环境分析 …………………………………… 52
4.2.2　科技环境 ………………………………………… 57
4.2.3　资源环境 ………………………………………… 60
4.2.4　不同参数间影响对比 …………………………… 64

4.3　北京市纳米科技产业的战略目标与模式 …………… 70
4.3.1　科技产业发展的驱动要素 ……………………… 70
4.3.2　北京市纳米科技产业的主要目标与发展
模式探索 …………………………………………… 73

4.4　纳米科技产业发展的四大驱动要素和驱动机制 …… 75
4.4.1　纳米科技产业四大驱动要素 …………………… 75
4.4.2　以工程中心为运营平台的纳米科技产业
驱动机制 …………………………………………… 79

5　北京市纳米科技产业发展建议 ……………………………… 84

5.1　政策维度 ……………………………………………………… 84
5.1.1　健全产业各项政策，充分发挥政府引导和
激励作用 …………………………………………… 85

目　录

  5.1.2　完善产业发展监管机制，规范纳米科技产业发展环境 ·················· 85

  5.1.3　制定投资优惠政策，吸引社会资本投入研发与产业化 ·················· 86

  5.1.4　加大政府采购力度，示范纳米技术产品使用 ·· 87

  5.1.5　提升政府服务职能，为企业提供一站式服务 ·· 88

5.2　技术维度 ················ 89

  5.2.1　优化技术创新机制，鼓励纳米科技企业建立研发平台 ·················· 89

  5.2.2　搭建国际合作渠道，去粗取精提升纳米技术水平 ·················· 90

  5.2.3　打造纳米科技产品标准，强化知识产权战略 ··· 91

5.3　人才维度 ················ 92

  5.3.1　构建纳米科技产业实用教育体系，构建专业人才队伍 ·················· 92

  5.3.2　鼓励纳米科技企业完善内部能力培养和培训体系，完善人才管理制度 ················ 93

  5.3.3　完善纳米科技产业的激励机制，提高纳米科技人才活力 ·················· 94

5.4　市场维度 ················ 94

  5.4.1　加强产业聚集区建设，优化纳米科技产业发展环境 ·················· 94

  5.4.2　优化科技成果转化机制，提高纳米科技产业化水平 ·················· 95

5.4.3 整合纳米科技产业资源，提升纳米科技产业竞争力 …………………………………………… 96

附　录 ………………………………………………………… 97

参考文献 ……………………………………………………… 102

后　记 ………………………………………………………… 107

1 绪论

习近平总书记指出，推动高质量发展是做好经济工作的根本要求。推进前沿科技研发和产业化则是经济高质量发展的保障。受"华尔街风暴"和欧洲债务危机的影响，大多数国家经济不景气，正谋求经济发展模式的变革，先进制造业和战略性新兴产业成为各国竞争的焦点。纳米技术也因此成为各国占领科技前沿阵地和推动产业发展的"国之利器"之一。20世纪90年代以来，世界范围内的纳米技术逐步走出实验室而走入产业领域。许多国家及大型企业集团都在致力于纳米技术的研发与创新，拓展纳米技术的应用领域，打造基于纳米技术的新兴技术产业。

为了抢占世界纳米科技制高点，我国对纳米技术的研发和产业的发展十分重视。相对于国际上其他国家而言，我国纳米技术的研究开发起步较早，研究水平也居世界前列，并形成了以北京、上海和江苏等为代表的纳米高新技术产业基地，为我国纳米科技产业的新突破奠定了基础。近年来，市场需求推动了纳米科技产业快速发展，纳米新技术不断涌现，纳米科技产品也在不断升级，纳米科技产业呈现繁荣景象。目前，我国纳米科技产业呈现以下特点。

①纳米粉体产业形成规模。纳米粉体材料产业已经具备一定规模，产品品种齐全，基本与国际接轨，能满足国内各个领域的需求，有些品类开始进入国际市场。尽管我国纳米材料的应用尚

处于初级阶段，但实业界已经开始利用纳米粉体材料的功能特性，对传统产品进行升级。

②药物产业应用纳米技术有新景象。纳米药物产业的发展出现良好势头，以脂质体、白蛋白、胶束等为纳米载体的肿瘤治疗药物已经问世，部分产品已开始进入市场。

③高技术领域开始应用纳米材料。纳米材料和技术在信息、生物技术等领域的应用方兴未艾，数量逐渐增多，市场竞争力日趋显现。在显示技术、传感技术、光学技术和存储技术等领域应用纳米技术开发新产品已经引起了企业家极大关注，到目前为止，进入市场的产品数量不多，影响面还不足够大，但高技术领域应用纳米技术的前景十分广阔。

尽管我国与部分发达国家的纳米科技还有一定差距，但仍然存在着良好的发展机遇。推动纳米科技产业化对我国经济发展和社会进步意义重大，主要体现在如下方面。

①纳米科技产业化有利于我国经济集约化、可持续发展。从纳米材料与器件的研制到纳米应用产品的开发，以及纳米检测和装备的应用，纳米技术都呈现高技术、低消耗、低污染的特点。因此，大力发展纳米科技产业有利于我国经济发展方式的转变。

②纳米技术是我国实体经济发展的重要驱动力。纳米技术是近二三十年发展起来的新技术，其基础性和交叉性强、应用面广，有较强的辐射作用，可广泛应用于其他领域。纳米技术是继信息技术之后又一项具有重大战略意义的共性技术。纳米技术的发展可以带动战略性新兴产业（如电子信息、新能源、节能环保、生物医药）的发展及传统产业（如建材、印刷、汽车）的转型升级，可形成庞大的产品群和企业群，促进我国实体经济的繁荣。

③纳米科技产业的发展可满足不断增长的社会需求，促进社会进步。纳米科技产业的发展可以为消费者提供更多的科技产品和服务。例如，纳米技术可应用于遗传育种，提高产品产量；也可应用于发动机尾气处理，降低对空气的污染。在我国经济、社会和科技发展战略需求的基础上，以市场、新能源应用和国家重大战略需求为牵引，促进纳米技术产业化，可以更好地满足不断增长的社会的需求，满足人们对美好生活的需求。

北京市纳米科技产业的发展契合了政府的引导潮流，政府也对纳米科技产业给予了政策方面的诸多扶持，并于2012年针对纳米科技产业技术集中度高、附加值高的特点，北京市政府提出了"纳米科技产业跃升工程"，以"国际一流、高端引领"为总体发展目标，以建设国际一流的纳米科技创新中心、构建纳米科技成果批量转化快捷通道为主要任务，努力将北京市打造成为国内纳米科技创新中心、国家级纳米科技成果批量转化示范基地；到2020年，推动北京市发展成为国际一流的纳米科技创新中心、高端引领的纳米产业发展聚集区、高度聚集的纳米创新创业人才高地，实现纳米产业年产值超过500亿元的目标，并带动相关产业实现千亿级的年产值，使之成为首都经济新的增长点。

作为我国的科技中心，北京市聚集了一大批高校、研究院及实验室，具有科技创新的人才、设备等方面的优势。在纳米科技方面，北京市集中了数十家知名的纳米科技研发机构，聚集了全国约1/3的资源，每年承担国家1/2左右的专项项目，论文发表和专利申请数量占全国总数的1/2左右。中关村科技园产生的纳米科技产业集聚效应也尤为突出。在纳米科技成果转化和产业化方面，北京市表现得十分活跃，并已具备了规模化发展纳米科技产业的优势和条件。如果能够有效地集中各类资源要素、统筹规划、面向全局,纳米科技产业有可能成为北京市及我国经济发展的重要增长点,并且为北京市战略性新兴产业的策划和发展提供有力支持。

2 纳米科技产业经济学分析

纳米科技产业是全球先进和前沿的产业，其发展前景和发展趋势都受到关注。随着技术的不断发展，纳米科技产业不是仅局限于纳米材料的研发和生产，而是开始逐渐向纳米器件、纳米加工，甚至是纳米装备方面快速发展，形成了一条较为完整的纳米产业链。纳米产品逐步从精细元器件方面向生物技术、医药、节能环保、电子信息、新能源、新材料等方面投入使用，能够很好地代替或者生产出满足不同领域、不同需求的物品。现在，纳米科技产业不仅专注于新领域的发展，还在传统产业，如建材、金属、化工、橡胶、塑料等产业方面进行不断升级，以研发出更加精细、合格的产品。

我国正在积极研发纳米领域的新产品。尽管纳米科技产业在全国以北京、上海和江苏为主体，空间布局较为分散，但我国仍有机会、也有能力在纳米科技领域占据领先地位。

2.1 产业布局

2.1.1 产业链布局

(1) 纳米材料

国家对纳米材料的研究一直给予了高度重视，纳米材料的研究也取得了很多成果，尤其是在以纳米碳管为代表的准一维纳米材料及其阵列方面的研究在国际上成就卓然，已经步入了世界先进行列。1998年，清华大学范守善院士及其团队在世界上率先制备成功超顺排碳纳米管材料，在触摸屏、超细导线、瞬时加热器、超薄扬声器等多个领域具有极其广阔的应用空间。该团队目前已获得包括中国、美国、日本、欧洲等地在内的超过1800余项专利授权，贯通了碳纳米管从原创性基础研究、应用技术开发、产业化技术攻关到大规模生产应用的完整创新链和产业链。

目前，碳纳米管薄膜手机触摸屏也已经产业化，该项目已落户北京纳米科技产业园，产能达到1000万片/年，预期产值20亿元以上。碳纳米管作为电极材料导电剂掺杂到锂离子电池的正极材料制成锂离子电池，可以改善电池性能，提高电池循环寿命。清华大学魏飞教授及其团队在世界上首次制备出了单根长度达到55 cm以上的碳纳米管，并开展碳纳米管应用及产业化工作。利用该材料，北京天奈科技公司实现了碳纳米管导电浆料工业化生产，年产量500 t，产值1亿元，产品已在比亚迪、天津力神和美国ATL公司锂电池中得到广泛应用。

高端纳米科技产品比重增长随着纳米粉体材料制备技术的进步不断提高，高端科技产品生产的比重也将日益提升。对高端纳米粉体材料应用要求较高的产品主要集中在催化剂、高级涂料、特殊用途橡胶、高性能塑料等领域。纳米粉体新的应用领域还将不断出现，对产品的技术及性能指标的要求也将提高。

新纳米材料也将不断涌现。随着制备技术和工艺的不断成熟，纳米粉体材料的生产成本将不断降低，许多处于研制阶段的纳米粉体材料，如纳米碳管、纳米稀土材料、纳米贵金属材料等具有特殊性能、在特殊工业领域有重要应用价值的新材料产品将不断涌现。

与此同时，纳米科技在非水热合成制备纳米材料方面取得突破，在纳米块体金属合金和纳米陶瓷体材料制备和力学性能的研究，在介孔组装体系、纳米复合功能材料、二元协同纳米界面材料的设计与研究等方面均取得了重要进展。

（2）纳米器件

近年来，随着纳米科技的飞速发展，多种纳米器件已成功研制出来。采用纳米光刻技术成功加工出线宽只有 5 nm 的沟道；以手性螺旋稀烃为基础构建了分子马达，通过调节紫外光照射强度或者系统温度来激发该分子马达的 4 个不连续异构化步骤即可实现其重复性单方向 360°转动。Terabe 等开发了一种量化电导原子开关（Quantized Conductance Atomic Switch，QCAS），通过控制连接两个电极的银原子桥即可实现"开关"转换。

纳米发光器件是电子信息产业高端和前沿技术领域之一，是微电子技术进一步发展的基础。纳米发光材料在光源、显示、显像、光电子器件、辐射场探测及辐射剂量的记录方面都有着广泛的应用前景。纳米技术的不断成熟，促使纳米发光材料的制备方法、发光机制、发光器件的结构、工艺与实用化等方面的研究成为该领域技术研发的热点。

由于国务院确定新一代信息技术产业为我国重点发展的战略性新兴产业，纳米发光材料及器件技术的重要性也日渐显现，在纳米发光领域科学研究的质量和影响力逐渐增强。从 20 世纪 80 年代开始，中国通过实施纳米研究国家重大科研计划、863 计划、国家自然科学基金、国家重点实验室计划专项等重大计划和项目，显著地促进了纳米发光领域技术的发展。在纳米发光材料及器件科技研究领域，亚洲目前已经呈现日本、中国及韩国"百花齐放"的局面。

在纳米发光领域不断发展的过程中，透明导电薄膜也在进行更新换代，石墨烯透明导电薄膜成为当前新的技术热点。石墨烯具有优异的光学和电学特性，以及较高的机械强度、良好的柔韧性和表面粗糙度小等特点，可广泛用于触摸屏、太阳能电池等领域。国家纳米中心智林杰研究员开发了一种"roll to roll"石墨烯透明导电膜制备工艺，在国际上首次实现了石墨烯膜的低温、绿色、大面积、连续化、柔性制备，形成了50 000 m^2/年的生产能力，制作的透明导电薄膜可用于替代传统透明导电膜氧化铟锡（ITO）。

现在，王中林教授发明的纳米发电机，清华大学刘冬生教授、国家纳米科学中心丁宝全研究员研发的纳米机器人等纳米科技项目在北京落地，在国际上形成了巨大影响。

（3）纳米加工

纳米加工是指构建尺度在纳米范围内的微结构，在纳米尺度下操控物质的组装从而构成具有一定功能的微器件。所谓纳米级精度的加工及纳米级表层的加工，主要的技术内容便是将原子和分子进行去除、搬迁和重组。纳米加工技术主要包括机械加工、化学腐蚀、能量束加工和复合加工等加工方法，它是传统微加工技术的发展，是纳米核心技术之一。纳米加工技术对于最新科学技术的进步具有重大的作用，它的发展会给人们的未来生活带来不可估量的影响。

由于这些加工方法本身的特点，如加工精度进一步提高受限、设备昂贵等，使纳米加工技术的进一步发展受到限制。纳米加工技术虽然只经历了短短十几年的发展，但已经取得了许多显著的成果。基于SPM的纳米加工方法有可能成为未来微机械、纳米电子器件等加工的重要方法。扫描探针显微镜加工技术的出现，也为纳米加工技术的发展注入了新的活力。这些在纳米加工领域有重要的实际意义。

(4) 纳米检测

1) 纳米材料性能及结构检测

扫描探针显微镜是继 1981 年扫描隧道显微镜（STM）发明之后出现的又一系列显微镜，包括原子力显微镜（AFM）、摩擦力显微镜、静电力显微镜、磁力显微镜、激光力显微镜和光子扫描隧道显微镜等。它们的用途主要是测量物体表面的微观三维形貌。随着研究的深入，人们通过控制探针与表面之间的物理或化学变化，在纳米级甚至原子分子级范围内可以改变物体表面结构，从而将其从测量领域扩展到纳米加工领域，扩大了 SPM 的应用范围。目前，用于纳米加工的 SPM 主要是指 STM 和 AFM 2 种显微镜，其原因是这 2 种显微镜可以很容易地控制针尖与表面的相互作用，达到改变表面结构的目的。

2) 生物检测

生物分子在调节生命系统各个层次生命活动的平衡中起着非常重要的作用，近年来，生物分子的检测受到了人们越来越多的关注。然而，生理系统的复杂性和生物分子的多样性对许多检测方法的应用提出了很大的挑战。在各种检测技术中，荧光检测法被认为是一种灵敏、简便、快速的方法，广泛应用于生物检测中。纳米粒子因其独特的性质而倍受关注，纳米粒子的突出特点是其尺寸处于纳米量级，并由此产生一系列显著的纳米效应，如表面效应、量子尺寸效应、小尺寸效应和宏观量子隧道效应等。这赋予纳米粒子在光学、化学、电学和磁学等方面优于传统宏观材料，因而纳米粒子在许多领域得以应用。介孔二氧化硅纳米粒子具有 1~10 nm 的微孔结构，近年来，研究者们利用介孔二氧化硅纳米粒子为载体，在其微孔内引入探针基团或药物分子，将其设计成基于纳米粒子的荧光探针或载药体系进行生物检测或药物输送，并取得了一些有益的进展。纳米荧光碳点简称碳点（Carbon Dots，CDs），是一种直径小于 10 nm 的纳米荧光粒子，具有良好的水溶性、生物相容性、光稳定性、表面可修饰及发射波长可调性等优点；由于它尺寸较小，所以具有非常好的细胞膜透过性。这些优点使碳点可以在生物检测和细胞成像中得以应用。

①DNA 检测领域：PCR（聚合酶链式反应）技术仍是现代 DNA 分析最流行的核心技术之一。将纳米材料引入 PCR 技术中，结合 PCR 的优点及纳米材料对 DNA 的表面富集能力，能够提高 PCR 的灵敏度和特异性，极大地拓宽 PCR 技术的应用范围。基于纳米材料的 PCR 技术，在灵敏度方面代表了检测的极限，可以将部分 DNA 序列进行复制，信号放大。基于纳米材料的 DNA 检测手段在定位、可视化、多重检测等方面更具有优势。目前，应用于 PCR 体系中的纳米材料主要包括金纳米粒子、银纳米粒子、磁性纳米粒子、纳米碳管、纳米碳粉、富勒烯（C60）和半导体纳米材料等。

②肿瘤检测领域：恶性肿瘤是我国病亡率最高的重大疾病之一，90%以上肿瘤患者的死亡是由肿瘤转移所致。CTC（循环肿瘤细胞）检测有助于研究肿瘤转移机制、指导肿瘤治疗、判断治疗效果，能够为推断预测提供可靠参考，因而是国内外肿瘤治疗关注的焦点。随着纳米科技的发展，人们获得了结构可控、表面功能化的纳米材料和纳米结构，同时在微流控技术及纳米器件方面也实现了对微量液体的精确操纵及微弱信号的精确测量，这些材料、器件和技术的应用在减少血样量的同时，还大大提高 CTC

的富集率和检测灵敏度。靶向 CTC 表面标志物的特异性识别分子修饰的纳米材料结合微流控技术的 CTC 检测平台研究受到了科学家的广泛关注，并取得了令人瞩目的成果，新纳米材料、纳米器件及纳米表征测量技术的应用对 CTC 检测技术的进步将产生巨大的影响。中国科学技术大学化学与材料科学学院梁高林教授课题组，还研究出一种由 γ-谷氨酰转肽酶（GGT）诱导的细胞内原位组装钆纳米颗粒的策略，并实现了高强磁场下肿瘤的横向（T2）磁共振成像增强。肿瘤检测领域在纳米科技的帮助下将有更多突破。

③乳品检测领域：自改革开放以来，我国乳品产业快速发展，我国现已成为世界上乳业生产增长最快的国家之一。然而其产品安全状况却不容乐观，尤其是近几年，国内乳品行业频繁曝光质量安全事件，乳品的安全问题日益严重。除了安全问题，乳品的品质也存在许多问题，如质量不过关、掺假、虚报营养成分等。乳品的安全与品质需要检测方法的评价。传统的乳品检测方法存在着较多不足，如操作复杂、检测对象有限、仪器昂贵等。虽然电化学传感技术由于其具有所需仪器简单、检测成本低、易于实现现场和在线检测等优点，在生物医学、环境监测、农产品和医药等领域具有广泛的应用前景，但传统电化学传感器存在着灵敏度低、响应速度慢及稳定性差等缺点。近年来，纳米功能材料的出现为解决这些问题提供了新的思路，将纳米功能材料应用到电化学传感器件中，不仅能提高检测灵敏度，而且能缩短检测时间。研究和构建基于纳米材料增敏的电化学传感器用于乳品安全与品质检测，既能保证乳品的安全与品质，又可以提高乳品检测的精度和速度，对乳品工业的发展和人们的健康都具有深远意义。

(5) 纳米装备

纳米技术为现代工业和整个社会带来了许多新的机遇和挑战。纳米技术的不断发展使其应用范围也逐渐扩大，引起了如化工、医疗、能源等各行业的注意，并往此类方向发展。在这些行业所需要的设备中，对一些微型的零件需求越来越大，这其中就有纳米技术的很多应用。

1) 纳米材料在工业装备中的应用

纳米技术应用于工业装备具有很大的潜力。新颖纳米加工技术的不断出现，可以帮助开发新颖的纳米工业装备。这些纳米工业装备将以其独有的优势，推动工业界向更高效率、节能、精密化等方向快速发展。例如，不同于传统的常规化学反应器，纳米反应器是应用于纳米颗粒的一种新型反应技术，它通过限制晶核在狭小空间中的增长来调整颗粒尺寸分布。某些器件存在阀门较难控制的问题（阀门太松会有气体或者液体泄漏的情况，阀门太紧则在修理或者调节时较难打开），纳米阀门的研发和应用则可以大大提升控制阀门的精度，使器件更好地运行。

2) 纳米材料在军需装备中的应用

战士在作战过程中可能遇到各种各样的环境，如沼泽、沙漠、热带雨林等，在这样的环境下，穿着普通军用服装极易患有类似于湿疹、皮癣等疾病，影响战士们的身体健康及作战过程。为此，军用抗菌纺织品便开始逐渐研发，采用物理、化学、复合纺丝技术等手段，研发出一些具有抗菌、防静电等功能的纳米纺织品。这些纺织品中的纳米纤维具有永久的抗菌性，在正常的洗涤环境下，洗涤数十次仍具有90%的抗菌功效，而且可用作紫外线吸收材料，尤其适用于在高原地区的战士们用作防护服。纳米材料还可以提高军需用品的使用寿命，如在鞋底等易磨损的部位增加部分纳米材料,则可大大提高它的抗磨性及光洁度。

纳米技术也已经开始运用于隐身及电磁波的防护功能,最主要用于一些特殊的作战武器,如飞机等的隐身。使用表面工程技术,可以赋予零件耐高温、防腐蚀、耐磨损、抗疲劳、防辐射等性能,以纳米表面工程技术为代表的先进再制造工程关键技术,在提升军事装备维修性能,促进军事装备的高技术再制造方面发挥了重要作用。但是纳米表面工程还处在初级阶段,随着纳米科技和表面工程的不断发展,它必将发挥更大作用。

2.1.2 空间布局

我国多个地区都拥有一定的纳米研发力量,但从我国纳米研发的地域分布来看,我国研究纳米科技的机构分布较为分散,主要是以上海、江苏为中心的南方纳米研发中心和以北京为中心的北方研发中心;纳米科技研发人员,北方主要集中在以北京为中心的地区,南方主要集中在上海和江苏地区。这些地区经济发展速度快,研究纳米的人员多,纳米科技企业多,由此形成的纳米科技产业化程度也很高,形成了南北两大辐射圈共同发展的空间格局。

南方辐射圈以上海、江苏为研发中心,包括上海交通大学、华东理工大学、复旦大学、华东师范大学、同济大学、中国科学技术大学、浙江大学、南京大学、东南大学、山东大学、中科院合肥物质研究院、中科院微系统所、中科院硅酸盐所、中科院应用物理所、中科院上海技术物理所等研发机构。

北方辐射圈以首都北京为研发中心,其中涵盖了国家纳米科学中心、中科院化学所、中科院物理所、中科院理化所、中科院过程所、中科院金属所、中科院半导体所、北京建材科研院、北京钢铁研究总院、北京大学、清华大学、北京科技大学、北京化工大学、北京理工大学、天津大学、南开大学、吉林大学等研发机构。在园区布局方面，位于北京市怀柔区的北京纳米科技产业园规划面积超过 6 km^2，涵盖纳米领域共性技术研发、科技成果孵化、成果落地转化、产业化支撑服务等功能，致力于纳米材料及纳米技术在信息、能源、生物、环境等领域的应用，未来将建设成为集纳米领域技术研发、成果孵化、产业化、科技服务等于一体的高端纳米产业基地。2013 年 9 月，园区获科技部批复认定为"北京国家纳米高新技术产业化基地"。目前，园区入驻纳米科技企业超过 40 家，纳米材料及应用、纳米印刷、纳米能源等板块初步形成集聚态势，围绕核心产业板块的创新链和产业链正在逐步拓展。

2.2 产业结构

当今创新的新兴形态，越来越趋向于跨学科化。而纳米科技就是一个跨学科的创新体系，包括纳米物理学、纳米化学、纳米材料学、纳米生物学、纳米电子学、纳米加工学、纳米力学和纳米测量学等多个学科。而且每个分支领域本身也是多学科的交叉，如纳米材料学是原子物理、凝聚态物理、胶体化学、固体化学、配位化学、化学反应动力学和表面、界面学科等多种学科交汇而成的新学科。因此，纳米科技可能会引发一次产业革命。

当下，纳米科技已经表现了对传统产业、新材料制造、环境能源、生物农业、医疗药物、宇航交通、电子器件与计算机、国家安全等领域的渗透，这些产业正是当今各国列为高新技术的主导产业。纳米科技对这些产业的带动作用将会直接推动一个国家产业结构的升级。目前,纳米科技产业主要表现为2种产业形式:战略性新兴产业和升级传统产业。纳米科技的发展可以为战略性新兴产业提供基础性支撑,既涉及资本密集型产业,又涉及劳动密集型产业和技术密集型产业,是发展战略性新兴产业不可或缺的一部分,并且,纳米科技的发展也必将带动传统产业的转型升级,成为战略性新兴产业和传统产业的制高点。

2.2.1 战略性新兴产业

结合未来经济结构调整要求,我国可以重点打造以纳米材料及其应用为核心,覆盖电子信息、生物医药、新能源和节能环保等战略性新兴产业,以集约、环保、高附加值和高市场容量为特征的纳米科技产业集群。此模式下设备门槛高,需要更先进的成套工艺,投入大但收益显著,传统上被国际大企业垄断,须通过前瞻性布局才能有所突破。

(1) 生物技术及医药产业

纳米科技将在生物医学、药学、人类健康等生命科学领域发挥重大应用。纳米材料的发展渗入生物医学领域,将有更多的机会用于药物输运系统、诊断系统和治疗系统,对疾病的诊断和治疗产生了深远的影响,特别是对重大疾病的早期诊断和治疗,包括可植入性和弥补性生物兼容材料、诊断器件、治疗学等。其中,药物纳米化将降低药物毒性、提高药性,为重大疾病的治疗提供新的解决方案;纳米生物检测技术可以利用纳米材料的敏感性,提高检测灵敏度和检测限,为疾病的早期诊断提供有效手段;植入式纳米材料与器件可以发现疑难病症的发病机制,为病人针对性康复治疗带来新的手段。国家纳米科学中心聂广军、丁宝全和赵宇亮研究组与美国亚利桑那州立大学颜灏研究组等合作，在活体内可定点输运药物的纳米机器人研究方面取得突破，实现了纳米机器人在活体（小鼠和猪）血管内稳定工作并高效完成定点药物输运功能[①]。德国马克斯·普朗克智能系统研究所、德国斯图加特大学、中国哈尔滨工业大学和丹麦奥胡斯大学等机构联合，在2018年4月的美国《科学进展》杂志上发表报告，他们开发出一种纳米机器人，首次实现让机器人绕过眼球表面抵达视网膜且不对组织造成损害，未来有望用于精准给药领域。这些都代表了未来人类精准药物设计的全新模式，未来有望为癌症和肿瘤患者的治愈提供新疗法、提供更好的疗效。

因此，纳米生物技术具有重要的社会与经济前景，对生物与医药产业的发展将发挥重要作用。

（2）节能环保产业

节能环保产业是指为了降低能源消耗、节约自然资源、发展循环经济、保护环境而提供技术支持及装备保障的产业。纳米技术应用在能源技术中，不仅可以使原有的能源技术得到提升，还可以促使更多新能源技术实用化，达到节能减排目的；如果应用在污染治理及污染源控制上，不仅能够治理存在的污染，而且能够在源头上控制污染源，提供更加环保的新技术。

在纳米技术节能应用方面，微纳米节能涂料用在高炉热风炉蓄热体表面，提高了高炉的热效率，从而达到提高热风温度和降低燃料消耗的目的；如果采用钛纳米聚合物涂料对碳钢冷却器进行涂装，钛纳米涂层的管束则比普通管束的综合传热系数提高66.54%，每年可节约能量5640.27 MW，同时还可解决油汽对碳钢管束的腐蚀问题，延长设备的使用寿命。将纳米透明隔热涂料

---

① 该成果发表于2018年3月1日出版的《自然·生物技术》杂志中。

用于建筑玻璃上，可有效阻挡来自太阳的红外热辐射，能让室内物体吸收80%的可见光，又能保留室内物体所辑射90%以上的长波，获得夏凉冬暖的节能效果。

把一种具有长效亲水性和自清洁能力的纳米二氧化钛复合材料应用于空调蒸发器和冷凝器上，能够使其长期保持洁净状态，以至换热器的散热性能得以保持，使得空调长期节能。以纳米铜和氧化铜作添加剂制备了分散性好的纳米制冷剂和纳米冷冻油，将它们用在冰箱冷柜上可以达到3.5%~13.2%的节能效果。

将一种纳米添加剂添加到用于纺织工业减速机上的润滑油中，可以使得减速机的负载电流出现下降，每小时可节省3度电，平均节能8%；纳米塑料、纳米陶瓷、纳米润滑剂等都可以与汽车制造技术相结合而产生不同的功能特性；在电解槽壳内加装纳米孔绝缘保温材料，可使其电流效率比其他同期电解槽高1%，电压低40~60 mV，铝电解生产的电能消耗大大降低；东芝公司宣称其生产的纳米锂电池可以在一分钟内充满80%的能量，这比我们常用的非纳米电池要快60倍左右，而且能量密度等性能也得到提高。

在环保方面，纳米铁酸钴可用作石油脱硫催化剂，经催化的油品中硫的含量小于0.01%，达到国际标准。在工业用煤中加入纳米级助燃催化剂后，不仅可使煤充分燃烧，不产生CO气体，提高能源利用率，而且会使硫转化为固体硫化物，而不产生SO_2气体，从而杜绝有害气体的产生。复合稀土化物的纳米级粉体具有极强的氧化还原性能，用它做净化催化剂可以解决汽车尾气排放中氮氧化物和一氧化碳的污染问题。

纳米材料具有的吸附、催化和过滤功能可以用于处理水环境中的有机污染物。例如，纳米二氧化钛具有很强的光催化降解能力和紫外光吸收能力，至今已知纳米二氧化钛可处理 80 余种污染物，纳米铁粒子可以有效转变和解毒部分有机污染物，如有机氯溶剂、有机氯杀虫剂和三氯联苯等。以张世宏教授为核心的团队研制出了具有自主知识产权的治理盐碱地新技术——"微生物—纳米整合技术"，并于 2017 年 12 月 9 日通过了国家鉴定。该技术具有创新性、可行性和先进性，为盐碱地治理及高效利用提供了新方法和新途径，为成功解决盐碱地改造过程中反复出现的返盐碱和容易造成次生污染难题提供有效解决方案等。

纳米材料做成的传感器可以用来监测和辨认环境中有害的化学和生物成分；利用纳米技术将机器设备微型化以后，其互相摩擦、撞击产生的机械力将会减小，噪声也随之减少；将一种纳米润滑剂运用到机器工作中，既能在物体表面形成光滑保护膜而起到润滑作用，又能将膜上的小颗粒作为超微轴承降低摩擦力，大大降低噪声；纳米银喷雾消毒液可用于墙面、桌子、床和其他物体表面来消除有害细菌，尤其是厨房和浴室，还可用于医院、养老院、机场等公共场所，以避免人们染上疾病。

（3）电子信息产业

纳米科技在电子信息领域呈现多元化应用的趋势，其中半导体芯片市场占比最大，其次为网络器件、信息存储及生物纳米传感器等。未来纳米科技在电子信息领域的应用，将呈现更加多元化、创新发展的局面。

电子信息产业可以利用纳米材料与纳米技术，发展高容量存储技术，新型显示技术，基于新原理、新逻辑的计算技术，纳米加工技术和通信技术。纳米技术的应用将为电子信息产业的发展克服强场效应、量子隧穿效应等为代表的物理限制，以功耗、互联延迟、光刻等为代表的技术限制和制造成本昂贵、用户难以承受的经济限制，制造出基于量子效应的新型纳米器件和制备技术。具有量子效应的纳米信息材料将提供不同于传统器件的全新功能，从而产生新的经济增长点。这将是信息产业和其他相关产业的一场深刻革命。2018年11月29日，国家重大科研装备研制项目"超分辨光刻装备研制"通过验收。该光刻机由中科院光电技术研究所研制，光刻分辨力达到22 nm。一系列技术的突破将全面改变人类的生产和生活方式，所带来的经济价值难以估量。

(4) 新能源产业

纳米材料在化学和能源转化工艺方面具有高选择性和高效性，在低成本固态太阳能电池、高性能可充电电池（含超级电容器）、温差电池、燃料电池等应用领域已取得实质性进展。纳米能源技术的开发，将在不同程度上缓解世界能源短缺的状况，提高现有能源的使用效率，为全球发展提供新的动力。这不仅对能源生产至关重要，而且对能源转换极具经济价值。其中，纳米太阳能电池材料、高效储能材料、热电转换材料等是新能源材料的重要组成部分和主要发展方向。利用这些纳米材料和纳米技术，可以开发太阳能电池、燃料电池、锂离子电池、风力发电、三次采油等清洁能源和能源存储技术。这对解决21世纪日益突出的能源危机问题发挥重要作用，并可形成一个新的经济增长点，因而具有巨大的市场容量。

(5) 新材料产业

纳米科技的发展催生了许多新材料。近年来，一系列的纳米新材料的研究都有了重大的突破，如中科院理化技术研究所超分子光化学研究中心研究员丛欢团队联合上海中医药大学科研人员利用光化学合成手段，在精确合成碳纳米环分子方面取得新进展；沈阳自动化所纳米操作机器人研究取得新进展；用于锂硫电池的三维共价连接的 SP^2 杂化碳纳米材料结构设计取得新进展等。

纳米材料的不断研制，使得纳米技术在各个领域都得到了很好地使用，其诸多好处也将涉及各个领域，促进社会发展。例如，为更好地解决传统陶瓷材料在韧性低、脆性和硬度差等方面的缺陷，研究人员开始将纳米和陶瓷材料结合起来，研究出了新型的纳米陶瓷材料。与传统陶瓷材料相比，纳米陶瓷材料的烧结温度大大降低，而且整个过程也缩短了，其抗弯强度和韧性得到了进一步的提升，硬度提高了四五倍之多。纳米陶瓷材料不仅具有热导率低、光透性强等优点，在高温下还具有超塑性，能够按照所需来进行陶瓷的加工，这使陶瓷材料的用处更加广泛，大量节约能源、保护环境、净化空气，促进绿色环保事业的进行。

现如今，环境污染问题已经很严峻，工业生产、汽车尾气排放、房屋装修等活动都会带来空气污染，这已经给人们的身体及生存环境带来了极大的挑战。为解决空气污染问题，研究人员开始研究高效的净化空气材料——纳米纤维膜。纳米纤维膜具有较小孔径、高孔隙率、大比表面积，在高效空气净化领域具有巨大的应用前景。静电纺丝技术作为一种简单、有效、可大量连续制备纳米纤维的方法，已被广泛用于纳米纤维膜的制备开发。未来，开发高效低阻且多功能协同作用的纳米纤维空气净化膜将会是研究重点。随着纳米技术的深入开发，方便快捷的后整理技术必将引发纳米材料在纤维应用上的又一次革命，将为社会带来十分可观的经济效益，可大大提高我国纤维产业在国际市场的竞争力。

纳米材料与纳米技术的发展，还为材料产业循环经济的实现做出了实质性贡献。循环经济对工业的要求是低投入、高产出、低能耗、低污染、资源节约或循环使用。而我国传统材料产业是粗放型生产方式应用最多的产业，高投入、低产出、能耗高、污染重、资源浪费严重，亟须技术改造来减少资源和能源消耗、降低污染。而纳米技术对传统材料产业的改造，可以满足循环经济的要求，实现集约式可持续发展。

2.2.2 传统产业的升级

根据传统产业转型升级需求，可推进纳米科技在建材、石化、金属、化工等产业中的应用，实现纳米科技对优势传统产业升级的支撑和拉动。应用纳米技术可降低传统产业的设备投入，对现有的工序改动少，效果明显且易于量产，在我国具有较好的基础，可做大做强产业并产生较好的社会效益。

（1）建材产业

纳米材料以其特有的光、电、热、磁等性能，在建材中具有十分广阔的市场应用前景和巨大的经济社会效益，为建筑材料的发展带来一次前所未有的革命。

未来可移动的整体房屋可以用纳米材料建造，包括轻质高强纳米墙体材料、门窗、管材、环保涂料、屋面材料、新型纳米阻燃材料、太阳能电池、通风及给排水净化系统等。利用纳米材料开发出的具有自清洁功能的抗菌防霉涂料，对墙体有更牢固的附着力，并且易于清洁，能有效抑制细菌、霉菌的生长，分解空气中的有机物和臭味，净化空气中的有害气体，增加空气中的负离子浓度，达到清新空气等功效；利用纳米材料开发出的具有自洁功能的玻璃，将实现免擦洗，从而减少"蜘蛛人"危险而繁重的日常劳动；利用纳米材料开发出的具有自洁功能的瓷砖将使家居生活更温馨，使繁重的家务劳动变得轻松；利用纳米材料开发出的具有自洁、抗菌功能的 PPR 供水管，管道使用寿命更长，水质污染更小，更有利于身体健康；利用纳米材料具有的导电功能而开发的导电涂料，可以用于储油罐、计算机机房等设备的防静电处理；利用纳米材料屏蔽紫外线的功能可大大提高 PVC 塑钢门窗的抗老化性能，增加其使用寿命；利用纳米材料还可大大提高塑料管材的强度，经纳米改性的复合管材强度可达到钢材的要求等。

（2）金属产业

金属材料表面纳米化能够明显提高金属材料（如铜、铁、低碳钢和不锈钢等）的力学和化学性能，可以显著提高材料表面强度、疲劳寿命，以及耐磨损、耐侵蚀、耐气蚀、耐腐蚀性，而又不损害材料的韧性。这为传统工程材料的性能升级和新型高性能结构材料的研制提供了一条独特的途径，此项技术将有着巨大的工业应用价值。例如，在硬质合金领域中，硬质合金作为一种重要的工具材料和结构材料，其用途极其广泛。最新研制的纳米硬质合金，不但强度和硬度均高于相同成分的粗晶合金，而且还有一些其他的新奇特性。纳米硬质合金在难加工和精密加工领域具有广阔的应用前景和市场需求，已成为高附加值硬质合金材料的发展方向。据统计，目前我国每年高性能硬质合金的市场需求量约为 20 亿元左右，具有良好的市场前景。

（3）化工产业

长期以来，药用、农用化学品等特殊的精细化学品的合成一直采用非催化的有机合成反应。近年来，一些催化转化过程相继被报道，特别是一些采用纳米催化剂的多相催化体系的有机合成过程，显示了独特的催化合成性能，引起了人们的广泛关注。纳米催化剂可以从 2 个方面对精细化学品的合成有所贡献：一是提供新的合成路线；二是有助于副产物的去除或转化。在精细化工的工业生产过程中采用纳米催化剂，可提高反应器的效率，改善产品结构，提高产品附加值和产率等。因此，纳米催化技术将是未来精细化工领域实现可持续发展的关键技术之一。

（4）橡胶、塑料产业

高分子纳米复合材料的共同特征是，在较低纳米材料含量时，其力学性能发生明显好转，刚性、韧性和耐热性等性能可同时提高，这对提升塑料、橡胶、纤维等传统产业具有重要意义。

橡胶最初以传统的炭黑为填充材料，社会、科技的快速发展对橡胶各方面性能的要求也在逐渐增加，尤其是高速列车、大飞机和航空航天等高科技领域，对橡胶材料要求近乎苛刻，橡胶材料必须向着功能化、精细化和多元化的方向发展，传统的单一橡胶材料已不能完全满足迅速发展的使用要求。通过对不同材料的研究，富勒烯、CSDPF（白炭黑双相纳米填料）、CNT（碳纳米管）、纳米氧化锌等开始逐渐被用作橡胶填充材料。最前沿的研究则是使用石墨烯/橡胶纳米复合材料来进行填充，为提高橡胶的性能提供了新的途径。这些改进在很大程度上提高了橡胶的弹性、硬度、耐热性等，更好地满足了现代工业生产的需求。

在塑料方面，运用纳米改进技术的研究也十分广泛，在常用的塑料中只需要加入少量的纳米粒子，便可以很好地增强塑料的性能。而且纳米塑料不断涌现，如微孔纳米复合塑料、纳米改性聚氨酯硬质泡沫塑料、纳米塑料复合食品包装等先后成功研发。近期，一款命名为 Urbee2 的 3D 打印塑料汽车在美国面世，它除了底盘和引擎，其余大部分材料都是塑料。而且，此款塑料汽车的硬度与金属汽车几乎相同，却仅有金属汽车一半的重量，很好地解决了汽车自身过重等问题，发挥了纳米塑料的优势。3D 塑料汽车将纳米塑料替代金属材料的理念直观地呈现在所有人面前，展现了塑料行业广阔的发展空间。纳米塑料降低了成本，同时还具有更加耐热、耐磨、结晶速度快等优点。随着纳米技术的不断发展，纳米塑料逐渐成熟，有望大量替代目前车辆的塑料零件及金属零件，应用范围也会更加广泛，如机器人、航空航天等领域。

(5) 其他产业

在军事方面，纳米技术在现代武器制造中具有非常重要的地位。导弹的命中精度取决于仪表的精度，纳米材料能极大地提高仪表的精度。美国 MX 导弹命中精度的圆概率误差为 50 m（1998 年资料），其核心高精度陀螺转子的质量中心偏离对称轴误差要求 30 nm，表面粗糙度 $Ra<12$ nm。用于卫星、导弹导航的磁码器要求每转能发出 600 万脉冲，其磁码间距约为 10 nm。雷达的关键元件波导管的品质因数和它的内表面加工精度密切相关，要求内腔表面粗糙度 $Ra<10$ nm。纳米技术的应用能够达到这些精度要求。

在计算机方面，纳米技术使计算机硬盘存储密度大大提高，存储能力比最初的软盘提高 100 万倍；使计算机芯片中的晶体管数量提高了 100 万倍，计算能力极大提升，能耗大幅降低。

在基因编辑方面，有了纳米技术之后，人们可以对基因进行人工分子剪裁，进行分子基因和物种的重构，这将对生物医药领域产生革命性变革。

在现代生活方面，经过"超双疏"界面材料技术处理过的棉、麻、丝、毛、绒、混纺、化纤等各种纺织面料，都具备对果汁、墨水、酱油、植物油等"不沾"的"超疏"性能。而且，这种处理技术不会改变原有织物的各种性能，即纤维强度、面料色泽、耐洗性、透气性、免熨性等不会发生变化，同时还有杀菌、防辐射、防霉的辅助效果。这样，服装的洗涤次数可大大减少，洗涤方式只是用水轻漂即可。

家庭装修用的玻璃、瓷砖、大理石、石膏板等材料经纳米处理后，都能呈现奇特的"双疏"性能。

2.3 产业发展趋势

纳米科技是新兴交叉学科技术，现在已经包括纳米生物学、纳米电子学、纳米材料学、纳米机械学、纳米化学等学科，涉及物理、化学、材料、信息、生物和医药等几乎所有领域。从包括微电子等在内的微米科技到如今的纳米科技，人们对于微观世界的认识逐步走向深入，人对于微观世界的认识及改造水平也已经达到了前所未有的高度。

纳米科技是当今前沿科技领域的代表，纳米科技的进展直接反映了全球科技发展的最新态势，是全球科技发展的聚焦点之一。纳米科技在提升国家未来核心竞争力、培育战略性新兴产业等方面逐渐展现出战略引领及带动作用，其迅猛发展必将对经济、社会发展及国防安全有着重大影响。经过几十年对纳米科技的研究探索，现在科学家已经能够在实验室操纵单个原子，各领域突飞猛进，使纳米科技有了飞跃式的发展。

纵观全球各国近 10 年来的纳米科技研发及投入现状，国际纳米科技的发展已呈现"突出重点、集中资源、培育产业、引领带动"的发展态势。发达国家希望通过纳米科技整合其基础研究、应用研究和产业化开发，抢占未来科技发展的制高点和优先权，引领下一次产业革命；发展中国家则希望通过纳米技术在新一轮的科技和产业革命中获得更多的话语权。

目前，社会资本正积极投入纳米科技研发。基于纳米科技呈现巨大商业前景，一些国际化的跨国性公司，已将未来的产品竞争定位在纳米科技产品上，纷纷投入巨资开发纳米技术，其投入远远大于政府对纳米科技的投入。

纳米科技的发展正呈现交叉融合趋势。纳米技术与生物技术、信息技术的联系更趋紧密，生物技术和信息技术的研究将汇聚在纳米尺度上，其进一步发展有赖于纳米科技的不断突破。纳米科技的应用研究正在半导体芯片、癌症诊断、光学新材料和生物分子追踪四大领域高速发展。不久的将来，纳米金属氧化物半导体场效应管、平面显示用发光纳米粒子与纳米复合物、纳米光子晶体可能会应运而生；用于集成电路的单电子晶体管、记忆及逻辑元件、分子化学组装计算机将投入应用；分子及原子簇的控制和自组装、量子逻辑器件、分子电子器件、纳米机器人、集成生物化学传感器等将被研究制造出来。

我国正大力发展战略性新兴产业，积极转变经济增长方式，战略性新兴产业具备一定的比较优势和广阔的发展空间，但在部分领域仍缺乏原始创新能力。原始创新是一个国家竞争力的源泉，中国要抢占未来经济科技发展的制高点，就不能总是跟踪模仿别人，也不能坐等技术转移，必须依靠自己的力量拿出原创成果，更加重视基础研究和战略性高新技术研究。纳米技术作为共性技术，对促进我国战略性新兴产业的发展、经济增长方式的转变具有重要意义。我国有机会、也有能力在纳米科技领域占据领先地位。

3 国内外纳米科技产业发展状况

纳米技术作为一项共性技术，一经产生，便与几乎所有的传统产业、新兴产业迅速结合，形成了新的经济增长点。纳米材料及技术的应用越来越广泛，目前已经由产业萌芽期向快速成长期过渡（图3.1）。

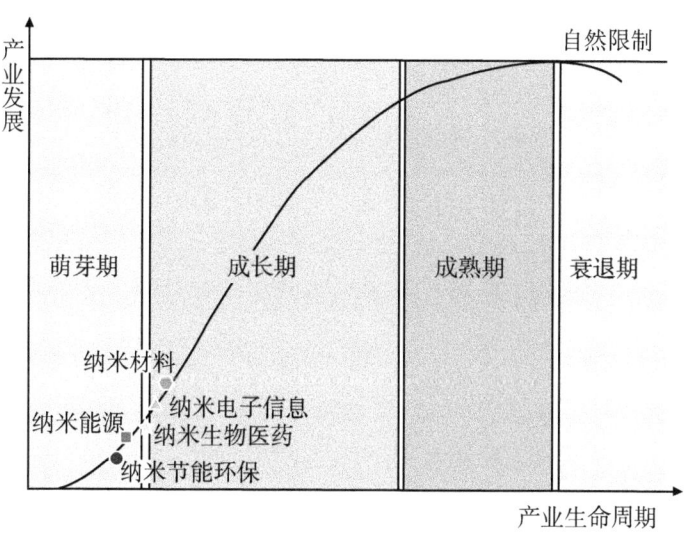

图 3.1 纳米科技企业的生命周期

2010年3月，美国Freedonia集团发布了题为《世界纳米材料2013》（*World Nanomaterials to* 2013）的产业研究报告。报告指出，全球纳米材料市场将以21%的速率增长，到2013年全球纳米材料市场规模将达到36亿美元，到2025年纳米材料销售额预计达到340亿美元。2008年，全球纳米材料市场几乎全部集中于发达国家,美国和日本占据了全球纳米市场的半壁江山,西欧及中国台湾和韩国占据了34%的市场份额。中国和印度发展势头强劲,预计到2025年,中国将取代日本成为全球纳米材料产业的第二大市场,仅次于美国。

3.1 国外纳米科技发展状况

3.1.1 美国

2000年年初,美国政府提出国家纳米计划(National Nanotechnology Initiative,NNI),纳米技术成为与生命科学、信息技术与环境科学并重的四大研究领域之一。NNI计划在美国国家科学技术理事会框架下运行,其成员由总统任命,且都是工业界、研究部门和政府部门的领导。美国联邦政府在NNI计划中起着至关重要的作用,除支持研发、提供经费外,还致力于建立包含多所高校与政府的纳米技术研发实验室,为纳米技术研发提供技术、人才保障。美国国会于2003年通过《21世纪纳米技术研究开发法案》,这意味着纳米技术成为美国联邦政府的重大研发计划,从纳米技术基础研究、应用研究到研究中心、基础设施建设和高端人才培养等方面全面展开。

美国为稳固其纳米科技产业在世界上的领先地位,除了加大纳米科技经费投入外,还采取了多种举措,全力推动纳米技术产业化进程。2011年2月,美国国家科技委员会发布了2012年NNI计划投资预算,总额21亿美元,与2010年相比增幅超过2亿美元,大力支持可持续发展的纳米制造业、可持续能源技术,并特别强调纳米技术的创新与应用。2000—2018年,NNI累计投资额已经超过 200 亿美元。

经过多年努力，美国联邦政府及各级政府部门对纳米技术的研发投入已经成功整合，并开创了从前沿开发、应用探索到产业化技术研发的全新产业链。尽管美国大公司规模庞大，但由于纳米技术基础研究不足，缺乏创新，所以，美国政府于 2000 年建立了由多所高校、科研机构及大企业组成的纳米科技研发中心，这既提高了纳米技术领域应用开发原始创新能力，又培养了纳米技术所需的高科技人才。美国加州纳米技术研究院（CNSI）由加州大学洛杉矶分校和加州大学圣芭芭拉分校为技术支撑，依靠自身独特的运营模式，将学术界、政府、产业界、投资界紧密联系在一起，促进了技术研究、成果转化和产业投资的协调发展。加州纳米技术研究院运营模式（图 3.2）是美国纳米技术产业发展模式的缩影。美国纳米技术产业发展模式以政府、高校、科研院所及纳米研发基地为主体，吸引含高技术的大企业加入，包括 IBM、AMD、Sony、Toshiba、Tokyo 等大型企业和机构，全面推动纳米技术创新研发。而且，美国纳米技术发展模式重点针对具有发展机会的领域，主要包括先进纳米技术新仪器和工具、活性纳米结构的制备及运行的新方法、纳米结构自组装和系统的集体效应、物质科学和生物科学的集成等，致力于推动这些领域的研发和能力建设。

为加速纳米科技成果向产业界推广，美国联邦政府与加利福尼亚州政府于 2001 联合建立"纳米科技成果转化中心"，该中心致力于开展纳米技术基础研究，并与大企业合作以推动纳米技术研究成果向产业界转化。此外，美国还拥有世界著名的纳米技术成果转化聚集地——阿尔巴尼纳米基地，该基地依托纽约州立大学阿尔巴尼分校建立，是世界最大的纳米技术研发中心之一。基地自 2001 年初步建成后即由 IBM 公司负责运营管理，致力于加速纳米高科技产品的商业化。阿尔巴尼纳米基地作为世界一流的纳米技术研发、测试、孵化和应用基地，借助其独具一格的合作方式和优越的学术科研环境，吸引了国内外 250 多家合作伙伴，形成了纳米科技产品大规模研发和生产布局。基地通过向企业提供技术孵化、集成测试等服务以帮助企业克服纳米技术、市场推广和商业发展过程中的障碍，并向企业提供先进开放实验室，为企业从事纳米技术开发创造良好环境，成为各级政府、高校、研究院及产业界相互之间合作的成功典范。如今，纳米技术成果转化中心——阿尔巴尼纳米基地的建立，为美国纳米科技产业创新研发及产业化发展提供了良好的环境。

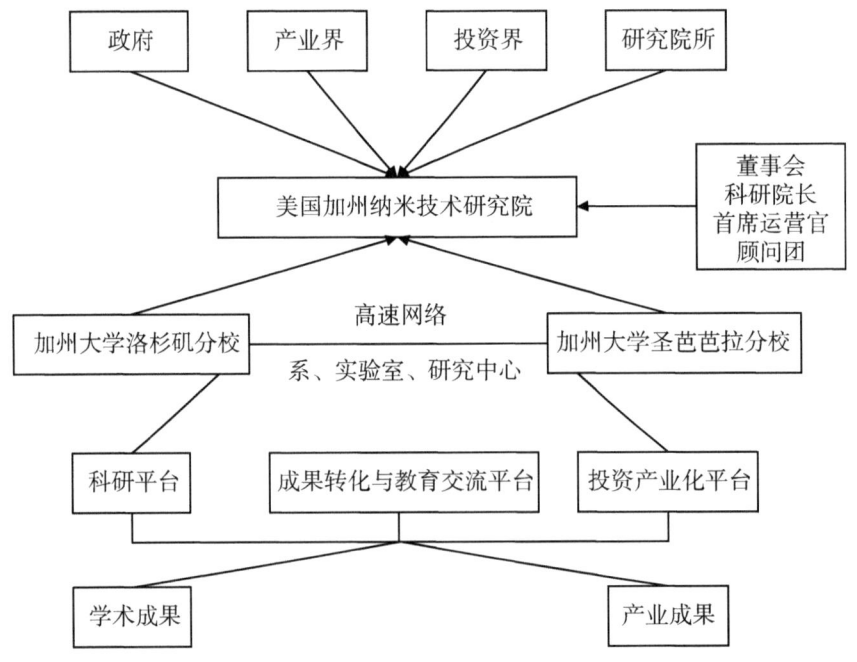

图 3.2 美国加州纳米技术研究院运营模式

3.1.2 欧盟

欧盟作为现代工业制造业的发源地，不仅是政治、经济联盟，更是科技联盟。根据全球高新技术发展趋势及欧盟自身相对竞争优势和发展需求，欧委会于2009年确定六大关键势能技术（KETs）领域（纳米技术、微纳米电子、光子学技术、先进材料、工业生物技术和先进制造系统）以实现欧盟工业可持续发展。纳米技术作为六大关键势能技术之一，欧盟决心从工业、社会及经济各个方面共同推进，以期在国际纳米技术市场上占据重要地位。2004年6月，欧盟公布了纳米技术发展战略行动计划。在此计划中，欧盟提出了提高纳米技术创新研发及成果转化能力的多项举措，这些举措包括：①加大纳米技术研发投入；②建立纳米技术平台，尤其加强在纳米医学、纳米化学及纳米电子等关键领域的横向联合；③成立纳米技术数据库及建立纳米技术专利许可管理体系；④建立数个顶级纳米研究中心；⑤建立加强支持欧洲纳米技术研究人员参与世界竞争的机构；⑥加强纳米技术成果转化机制的建立；⑦推动跨学科人才的培育等。

纳米技术作为欧盟确定的六大关键势能技术之一，欧盟不断加强纳米技术研发经费投入，从而使欧盟纳米技术创新研发一直保持世界领先地位。2011年11月，欧委会公布了"地平线2020（2014—2020）"科研规划方案，预投入703亿欧元，其中投入光电子及微纳米电子领域15.88亿欧元，投入纳米技术、新型材料等领域37.97亿欧元，该方案着重强调创新和市场驱动。欧盟纳米技术的研发创新资金来源主要以欧盟公共财政为主，欧盟及其成员国、欧洲合作网络及大公司共同构成欧盟纳米技术创新研发投入的公共财政资金来源。由于风险投资基金主要集中于短期风险投资，欧盟公共财政充分发挥其杠杆作用，吸引风险投资参与对纳米科技研发中长期的投资。近年来，欧盟风险基金及金融机构对纳米技术研发投入逐年加大，其资金投入主要集中在能源工业和环保行业。尽管欧洲在纳米科学方面占有重要的地位，但与美国相比，欧洲企业在纳米科技创新方面强烈依赖于公共资助的科学研究成果，缺乏自主创新能力。

我国和欧洲都面临着科技成果转化能力不足的问题。欧盟第七框架计划后半段逐步将重心转向应用导向的纳米技术研发以提高其科技成果转化能力，并将纳米技术研发从实验室转移到各工业应用部门。欧盟在第七框架计划中还特别强调中小企业在纳米技术发展中的作用，设置了多种鼓励中小企业参与研发的纳米科技研发项目，这些项目涉及内容十分广泛，能够使各类中小企业的纳米科技研发需求得到满足。欧委会还积极发挥产业引导作用，鼓励中小企业参与并保障项目产业化的承接工作。

欧盟纳米技术发展模式强调建立纵向性的产学研用创新联盟和横向性的跨行业研发创新网络平台，强调中小企业的应用及保持紧密合作的创新公私合作伙伴关系，这种合作方式有效推动了纳米技术应用范围的扩大及价值链的延伸。欧盟纳米发展模式侧重于能源技术开发、生态环保行业、医疗卫生行业、光学、机械、生物技术、磁性材料等领域，致力于创造有利于纳米技术创新研发的政策环境，并致力于吸引全社会资金，加速纳米技术的知识转化转移与推动纳米技术在更广泛领域的推广应用。此外，欧盟还高度重视机构、成员国、区域层面和行业之间的市场分割、单打独斗、相互竞争和重复浪费研发资源的风险。

3.1.3 日本

日本从20世纪80年代开始发展纳米技术，将纳米技术作为"日本经济复兴"的重要环节。2001年出台重新修订的"日本科学技术基本计划"，将纳米技术纳入国家4个重点发展领域之一。日本政府并在此后5年内投入总计24万亿日元，据日本政府公布的2001年科技预算，纳米科技部分得到106亿日元的拨款（约合8600万美元）。在日本《第四期科学技术基本计划（2011—2015）》中纳米技术被列为重点突破方向之一，日本把发展纳米技术作为今后20年的立国之本。日本政府为完成到2030年纳米技术相关产品市场份额达26万亿日元的计划，设立了4个纳米技术示范中心、4个公用纳米技术中心及4个纳米技术智能集群以支撑纳米技术产业发展。

日本纳米技术工程采取政府、大学、研究所、企业联合攻关的形式，其具体实现路径是：由多所高校和科研院所进行纳米技术的研发并提供科研成果，政府在加强产业界与技术转移机构的合作方面扮演着重要角色；支持企业与大学合作成立科研中心，并鼓励企业与投资机构密切联系以支持纳米技术创新、成果转移及产业化的全过程；政府在知识产权保护相关合作条例方面做出修改，以保障本国知识产权在海外的权益。

日本开展纳米技术研发的目的是通过技术创新的方式加强产品的国际竞争力。目前，日本在微纳米加工装备、纳米结构表征及性能检测等方面具有全球优势。在纳米技术产业化方面，日本在生物制药、电子信息、材料加工及能源环境等方面具有领先地位。日本开展纳米技术研究的资助方主体主要是政府机构和大公司，中小企业参与度极低。日本大企业除了不断加大对纳米技术研发经费投入外，还与高校及科研院所开展纳米技术创新研发项目，建立纳米技术研究所及专门生产纳米材料的分公司，通过建立纳米技术创新与成果转化交流平台，大力推动日本纳米技术研发和产业化进程。日本也一直希望政府作为纳米技术产业发展的中坚力量，但事实证明企业是日本纳米技术创新的绝对主体。

日本致力于建立官、产、学、研之间的高速互联网络，推动官、产、学、研之间的进一步合作，并鼓励跨国大企业参与研发，建立纳米技术创新研发与产业化联盟。而且，日本对纳米技术基础设施建设十分重视，不断整合科研资源，实现纳米技术专业人才、技术及资源的高效利用。总体而言，日本纳米技术发展模式主要特点是：①有明确的应用目标，无论是从各省制定的纳米技术研发方向还是从企业的研发目标来看，都注重于纳米技术具体的应用角度。②研发方向有所侧重，日本纳米技术研发与美国有所不同，日本有所侧重并着力于重点突破纳米技术在生物科技和信息技术中的应用，而美国则是全面铺开。③跨国大企业参与研发，日本纳米技术研发过程中跨国大企业扮演着重要角色，跨国大企业使日本纳米研发项目具有明确的应用目标和研发重点。④官、产、学、研相结合，日本纳米技术研发具有明显的官方色彩，一直沿袭官、产、学、研相结合的产业政策。

日本纳米技术发展模式对我国纳米技术发展具有借鉴意义，可通过建立官、产、学、研的协同创新机制，引进竞争机制，建立吸引大企业参与的机制，加速科研成果转化及实现资源与人才的高效利用，提升我国纳米技术研发的国际竞争力，促进纳米技术产业健康发展。

3.1.4 俄罗斯

俄罗斯于2001年制定了"2002—2006年俄罗斯科技优先发展方向"专项计划，纳米技术首次列入其中。自2007年起，俄罗斯政府采取一系列举措，将纳米技术列为优先发展领域。2007年4月，普京在国情咨文中倡导发展纳米技术产业，并批准了俄罗斯纳米技术发展战略；6月，成立由第一副总理直接领导的"政府纳米技术委员会"；7月，公布了"俄罗斯纳米技术集团"联邦法，宣布拨款1300亿卢布（约53.06亿美元）成立国家纳米集团，并由普京亲自推动国家纳米集团的建设，"俄罗斯纳米技术集团"联邦法用以保证国家纳米集团对纳米技术产业化项目的投资、建立公共技术平台、开展纳米技术科普教育等。俄罗斯纳米技术集团作为联邦政府直接管理的国有非商业企业，主要负责开展纳米技术与纳米产业发展计划。该集团享有开展各类商业活动的权利，不受破产法的约束，每年会将最高为10%的资金拨给该集团作为管理经费，其利润不得没收和分配。近年来，纳米技术产业群已经在莫斯科周边地区建成，并形成了具有一定规模的纳米产业化项目。

2007年8月，俄罗斯还出台了投入152.46亿卢布（约6.22亿美元）巨额资金的《2008—2010年纳米基础设施发展》联邦专项计划，该计划致力于统一国内纳米技术资源，集中力量建立国家级的纳米技术平台，实现纳米技术产业的协调发展。此外，为推动纳米技术的快速发展，俄罗斯科学院还成立了纳米技术委员会，负责协调纳米技术的基础研究工作，为了系统培养纳米科技人才，俄罗斯政府还在32所高校建设了相关的研究和教育中心。

2011年10月，第四届俄罗斯纳米国际论坛在莫斯科举行，时任俄罗斯总统梅德韦杰夫指出俄罗斯政府将进一步扩大基础研究领域政府支持计划，其中就包括对作为基础研究优先领域的纳米技术研发的支持。目前，俄罗斯已经建成纳米技术研发基础设施，在纳米技术和产业化方面形成了国家和企业之间的互动机制，并且设定了退出机制，即当所研发的纳米技术产品走向市场时，作为国家投入的执行机构——国家纳米集团将及时从企业退出，以减少对企业的干预。

俄罗斯与我国在纳米技术方面一直保持亲密合作关系。2016年6月，在两国最高领导人的共同见证下，我国科技部与俄罗斯纳米技术集团签署了《中华人民共和国科学技术部与俄罗斯纳米技术公司关于深化创新合作的谅解备忘录》（以下简称《谅解备忘录》）。根据《谅解备忘录》，中俄双方将支持关于中俄联合创新直接投资基金的倡议，在共同举办青年创新创业活动方面加强合作，共同推动中俄科技研发项目的实施，加强技术转移、人才交流等领域的合作，推动中俄两国企业孵化器、科技园区间的合作。

3.1.5 韩国

根据德温特世界发明专利数据库统计，韩国的纳米技术专利从2000年开始大幅增加，至2006年其发明专利申请量已位居世界第4位（截至2018年12月，其发明专利申请量仍居世界第4位）。其中，在半导体器件、电子器件方面的专利申请较多。在世界纳米技术领域专利申请排名前10位的企业中，韩国的三星集团列第6位，其发明人的数量超过1000人，说明三星集团具有强大的纳米技术研发队伍。同时，三星集团申请的纳米技术专利较新，说明其具有较强的研发实力和竞争力。

在韩国政府的大力推动下，韩国纳米科技产学研合作成效显著。通过"纳米融合2020事业"，无论是在纳米技术的基础研究方面，还是在纳米技术的应用方面，或是科技产业化方面，韩国都已经取得了众多成果。韩国科学家在纳米线、抗癌制剂的研究方面居世界领先水平，韩国企业在半导体存储和显示技术、纳米芯片制造技术领域占有产业优势地位。韩国纳米科技企业的数量从2001年的78家上升到2007年的274家（含145家风险投资公司），其中，44%从事纳米材料的研发和生产，占比接近一半，16%为加工/度量学，11%为检测设备，8%为生物医学，6%为半导体/电子学。2001年，韩国纳米技术研发机构的专业水平只相当于美国的25%，然而2004年这个数字则上升到了62%。据报告，2015年被权威的科学引文索引数据库（Science Citation Index）收录的韩国研究论文数量位居第五，增长率超过了所有其他国家。

3.1.6 德国

德国在纳米技术研发领域形成了以高等院校、研究机构和企业为核心，贯穿整个纳米产业链各环节的纳米技术研发网络，包括143家大型企业、597家中小型企业、185所高校、105个研究中心、57个研发网络和50个政府协会在内的千余家单位。

德国纳米科技发展势头强劲，其内在动力源于充满活力的新创企业和具有产业优势的著名传统企业积极联手，强强联合，从而使德国纳米科技产业处于强势地位。目前，德国有200多家纳米技术新创企业，为其经济复苏做出了重要贡献，这些企业创造了约5000个新的工作岗位，相当于德国纳米技术领域工作岗位总数的 1/10。此外，2010—2011 年，有 7 家纳米新创企业在德国证券交易所上市，获得了巨额融资。

德国的纳米科技研发投入位居美、日之后，排在世界第 3 位，列欧洲第 1 位，在 2003—2006 年，投入为 2.5 亿欧元/年左右。在此背景下，德国的"纳米技术 2015 行动计划"加强了对以创建企业为目标的纳米科技研发项目的政府资助力度。同时，德国还为初创企业提供市场预测，支持他们开拓市场。此外，德联邦教研部为了给初创企业或企业创建者提供更多的资金来源，主动将德联邦经济劳动部的中型企业研究资助项目与本部门资助项目有机结合。

众多大学和研究中心是德国发展纳米科技产业的另一个优势，他们有助于纳米技术初创企业的孵化。以此为基础，德国大约 2/3 的初创企业是从大学和研究中心衍生出来的。这些企业注重提高产品品质，销售高附加值的产品，而不仅局限于基础的纳米原材料，进而推动技术向产品价值链的高端发展。此外，德国在化工和制药业方面具有长期的传统优势，制造质量一流，在全世界有着很好的营销网络，这些企业在发展过程中结合本国在这方面的产业优势，具有较强的竞争力。这些都为德国纳米技术产业化提供了良好的基础和条件。

3.2 国内纳米科技发展状况

3.2.1 苏州

(1) 背景

2001 年 7 月，我国出台《国家纳米科技发展纲要》，将纳米技术在内的新材料产业纳为国家新兴产业之一。苏州市响应国家号召，积极投身于纳米技术及其相关产业建设。苏州工业园区作为我国新材料产业的领头羊之一，将纳米科技产业作为园区的主打产业之一。在各级政府及产、学、研、专的一致努力下，纳米科技产业已经成长为苏州工业园区的"一号产业"并成为引领苏州工业园区的战略性产业。2010年9月，苏州工业园区成立纳米科技发展有限公司，借助国有资本来推动纳米技术产业发展，以落实纳米科技产业创新发展战略部署。作为苏州工业园区一级国有企业，苏州纳米科技发展有限公司致力于推动苏州纳米技术创新研发及产业化进程，着力将苏州工业园区打造成为我国顶级水平的纳米技术产业第一园。2011年10月，《苏州工业园区关于进一步推动纳米技术创新与产业化发展的若干意见（试行）》正式发布实施，这是推进和鼓励纳米技术创新研发和产业化发展的扶持政策。苏州工业园区预计每年投入10亿元，以推动纳米技术创新研发、成果转化、产业化、高新技术人才引进与培育、产学研与国际合作、金融服务等工作。

（2）模式构建

苏州工业园区将纳米技术作为引领区域经济转型的新型产业，创建并完善战略性新兴产业"纳米产业生态圈"发展模式。该发展模式主要通过基础设施建设投资、培养创新载体、加强政府投入、加速人才引进及加强政产学研合作等方式为纳米技术产业化提供优越的发展环境。苏州市通过锁定上游、高端、核心技术环节，以纳米科技产业为核心，围绕纳米制造、节能环保和纳米医药三大领域，着力发展纳米医药、纳米材料、光电子设备、清洁能源等新兴产业，集聚产业资本、先进技术、高科技人才、支撑平台、创业平台、创新产品六大产业发展要素，致力于推动传统企业、纳米科技企业、科研机构、风险投资、国有资本、政府等主体间的相互合作。

苏州发展纳米技术产业的协同创新模式独具一格。国内外知名高校及中国科学院与苏州工业园区的密切合作，形成了一种高等教育与纳米技术产业发展需求直接对接的协同创新模式，为苏州纳米产业发展提供人才、技术保障。协同创新系统中政产学研专各个子系统相互协同、相互促进、相互合作，推动苏州纳米技术创新与产业化进程。同时，苏州市政府作为促进核心协同创新系统与外围系统紧密合作的第一推动力，为纳米科技产业发展提供了良好的基础设施和服务，构筑了较为完善的创新保障环境。这样，核心系统与外围系统紧密联系，既从外围系统吸收能量与资源，又会起到辐射影响作用。

（3）相关举措

园区产业创新平台体系是苏州纳米产业发展模式的重要支撑。苏州工业园区通过打造设备先进、实力较强、辐射全国的产业支撑平台，形成了"创新研发+创新孵化+产业基地"的创新载体，吸引风险投资机构和担保机构近150家，2010年全年总产值超过60亿元。2018年8月10日，苏州工业园区161个重点项目集中签约开工开业，累计总投资超600亿元，预计项目投产后总产值将超1000亿元。

苏州纳米技术产业采用产学研结合的模式，注重人才引进与培育，因而集聚了一大批纳米技术高端人才。截至2012年，苏州工业园区已吸引了国内外近20所科研单位及多所高校，为纳米科技产业发展提供人才和技术支持。苏州工业园区采取了多项高新技术企业专项扶持政策，着力吸引和鼓励纳米相关企业入驻，已集聚纳米相关企业170家，就业人数超过6700人。截至

2018年年底，园区累计引进、孵化纳米技术及相关应用企业590家，就业人数5.69万人，全年总产值660亿元。

政产学研专协同创新发展模式及"纳米生态圈"发展模式为苏州纳米技术产业发展提供了良好的科研创新及产业化环境。

3.2.2 上海

（1）背景

纳米科技的发展与高新技术产业的发展及传统产业对高科技的需求紧密相关。上海市在新材料、生物医药、信息技术等高技术领域的发展及传统产业转型升级方面都对纳米技术提供了强有力的发展动力。上海市有近20所高校和研究所在纳米技术领域具有较强的研发实力，拥有比较先进的实验室，它们致力于开展原创性的科研工作。上海市也有不少企业从事纳米技术的工程化研究和产业化工作。

通过"九五"期间的发展，上海市在纳米技术方面取得不少先进成果，纳米科技产业企业达到近200家，年产值从2002年的5亿元增加到2005年的20亿元，在基地、人才和知识专利积累等方面也取得了一定的成果，一些具有自主知识产权的成果已经实现产业化，先进材料等领域的研发尤为快速发展。在光器件和纳米电子、纳米生物与医药等方面，也掀起研究热潮，并取得不少国际先进的研究成果。"十五"之初，上海市又成立了"纳米科技与产业联席会议"，并设立纳米技术专项资金，用于纳米技术的基础研发。

此外，上海市还将纳米科技产业的建设纳入全市科技计划之中。2001年，"上海市纳米科技与产业发展促进中心"成立，该中心具体落实和推动上海市纳米技术产业的发展。在国家层面上，为了发展纳米科技，指导未来 5~10 年纳米科技的研究与开发工作，科技部、原国家计委、教育部、中科院和国家自然科学基金委员会联合发布了《国家纳米科技发展纲要（2001—2010）》，在地方层面上，上海市根据国家对纳米产业的要求和《上海科技创新行动计划》，制定了《上海市纳米科技与产业发展创新行动规划》。2017 年，上海科技中心的建设，再次把纳米科技列为专项之一。

（2）模式与举措

产学研联合体系加速了上海市纳米科技成果转化与产业化进程，高校的纳米科技成果转化与产学研联合也逐渐形成各具特色的服务模式，如高校建立国家技术转移中心、国家大学科技园、高校与企业共建研发中心等。

发展纳米技术并实现其产业化是一项艰巨且长期的任务，上海市根据国家"坚持有所为、有所不为、总体跟进、重点突破"的原则，准确定位，采取全新的运作机制，以最大限度地调动科研人员的积极性。上海市坚持"突出重点、鉴定基础；开放联合、整合资源；政府引导、市场运作"的工作思路和方针，将近远期目标相结合，在纳米技术领域加大投入力度，力图取得突破进展，在国内外取得一席之地。上海市科委自 2002 年起每年投入 3000 万~5000 万元支持纳米项目的研究和产业化发展，在纳米材料与纳米机构研究、纳米材料应用关键技术、新型纳米材料制备和工业化技术、纳米电子和光器件、纳米药物等领域启动了重点项目，进一步提升上海市在纳米技术领域的竞争力。

4 北京市纳米科技产业的发展现状、战略目标与模式

目前，世界各国对纳米科技产业的发展十分重视，发达国家在产业政策、基地建设、科技研发、资源整合、平台搭建等方面发挥了较强的政府主导作用。同时，基于生存发展的内在需求，大企业也积极投身于纳米科技领域的创新研发以提高自身竞争力来扩大市场份额，由此带动了纳米科技在产业甚至经济发展中的布局和应用，促进了纳米科技产业化发展趋势。

相较而言，国内纳米科技领域的发展偏重于基础研究和应用研究，国内学者在纳米科技领域发表的论文数量及申请的专利数量均居于世界首位，在基地建设和人才队伍等方面也在逐步改进和加强，产业领域集中在纳米粉体材料及其应用等方面，形成了上海、江苏、北京、浙江等重点区域及武汉、西安、大连、金昌等特色产业区域。然而，在市场化和产业化发展层面，中国却明显落后于发达国家。2010年，美国、欧洲、日本在世界纳米材料产业的产值分别为31.27%、28.23%、17.42%，而中国只占5.37%。产业发展环境、企业自身发展动力及其竞争力、市场机制等多方因素的不成熟导致国内纳米科技产业市场化发展滞后，难以形成健全、有效的产业链结构。但北京市相较于国内其他纳米科技产业发展区域有着得天独厚的优势和令人瞩目的发展成效，对于我国纳米科技产业的发展有着很好的借鉴意义。

4.1 北京市纳米科技产业发展现状

4.1.1 北京市纳米科技创新状况

北京市是全国水平最高、数量最庞大的纳米领域专业科技人才资源聚集的地区，也是世界上从事纳米科技专业人才数量最多、聚集度最高的区域。据初步统计，综合性高校从事纳米技术研究的直接和相关的科技项目为20%~30%，从事纳米及相关研究的科技人员占到10%~20%。在一些科研院所中，纳米及相关研究甚至接近80%。据不完全统计，北京市发表的纳米科技论文，包括与国内外合作的论文数量约占全国论文总数的50%以上，其中引用率超过平均水平的论文更超过65%以上；北京市申请的发明专利数量约占全国的15.6%，在国内各省、市、自治区中排第1位。

2011年，北京市纳米科技领域共获国家奖9项，占国家纳米科技领域总奖数的56%，占北京市全部获奖总数的52%；纳米科技领域"863"项目共有174项，其中北京市承担58项；纳米科技重大研究计划项目69项，北京市承担43项；纳米科技相关领域国家级重点实验室、工程中心13家，省部级重点实验室、工程中心19家；纳米科技相关领域两院院士41人；截至2011年，北京市纳米科技领域相关企业170余家，年产值约70亿元，从业人员约3万人；应用于战略性新兴产业与传统产业的比例分别为59%和41%，产值分别占据48.5亿元和33.6亿元。另外，在纳米科技领域，北京市在2011年和2012年连续2年获奖成果数量超过全国在该领域总获奖数的55%。在2016年1月8日召开的 2015 年度国家科学技术奖励大会上，北京市纳米科技领域共有 4 项成果获得国家科技奖励，获奖数量占全国纳米科技领域通用项目获奖总数的 44%，"十二五"期间连续 5 年领跑全国。目前，中科院范守善院士、中科院外籍院士和欧洲科学院王中林院士及知名学者宋延林研究员领衔的超顺排碳纳米管阵列、纳米发电机、纳米绿色制版等产业化项目落户纳米科技产业园。从这些数据中可以看出，北京市在获奖成果、国家项目等科技资源、研发平台及领军人才、产业规模等方面都取得了较大的成果和突破。

尽管北京市纳米科技研发及产业化方面取得了不俗的成就，但仍然存在成果批量转化能力弱、产业分布相对分散、企业规模普遍较小、研发成本偏高且周期过长等问题，这些都是制约北京市纳米科技产业化发展的重要因素。

4.1.2 北京市纳米科技产业集聚发展状况

北京发展纳米科技产业具有良好的产业基础，在纳米晶合金、非晶合金、纳米电极材料与动力锂离子电池、纳米材料超级电容器产品、纳米膜材料、纳米材料绿色制版、纳米载药系统药物等领域的发展已初具规模，形成了优势突出、特点鲜明、技术领先、前景广阔的产业板块，并且产生了安泰科技股份有限公司、北京有色金属研究总院、集盛星泰（北京）科技有限公司、北京碧水源膜科技有限公司（以下简称"碧水源"）、北京中科纳新印刷技术有限公司（以下简称"中科纳新"）、北京泰德制药股份有限公司、北京国能电池科技有限公司等一批纳米科技细分领域龙头或优势企业。

由于纳米材料是当今新材料领域中研究最为活跃的板块之

一,其应用将对未来经济和社会发展产生重大影响,而北京市在人才、资源及成果方面有独特的优势,使得北京市在纳米材料领域未来有望成为国际一流的纳米材料研发中心。

北京市纳米科技的产业化,虽然发展速度落后于发达国家,但已经逐步渗透到北京市产业发展的多个领域,如交通运输设备业、电力和热力生产与供应行业、通信行业、石油加工与炼焦业、电气机械及器材制造业、煤炭开采业、通用设备制造业、医药制造业、非金属矿物制品业、化学原料及化学制品行业、农副食品加工业、金属制品业、仪器仪表业、食品制造业、黑色金属矿采、饮料制造业、石油和天然气开采业、燃气生产和供应业、工艺品制造业、印刷和记录媒介复制业、纺织服装业等。同时,北京市材料类骨干企业也逐步涉入纳米科技领域以拓展其业务及升级产品。截至2012年,仅在材料领域28家上市公司中,就有18家主营业务涉及纳米相关材料的研发、生产,占总数的64.3%。

4.1.3 北京市纳米领域创新创业环境的营造状况

北京市具备发展纳米科技的各种资源条件,无论是在项目资源、支撑平台,还是在金融环境方面,都具有得天独厚的优势。

①在人才方面,北京市在人才、科技条件等方面的独特优势能够促进纳米科技产业的大力发展。截至2017年,北京市具有与纳米相关的两院院士超过50余人;在国家纳米协调指导委员会当中,北京市的专家人数占到总人数的约一半左右,共有10人;中科院在北京市引进了全国纳米科技领域唯一的"千人计划"入选者。

②在研发机构建设上,北京市纳米相关领域国家级重点实验

室、工程中心超过 10 家，省部级重点实验室、工程中心超过 20 家，形成了比较完善的研究体系和软硬件条件，为北京市纳米科技产业集群建设和发展提供了良好的研发创新环境。

③在纳米科技项目资源方面，有 40% 左右的包括国家 863 计划、973 计划、重大科学研究计划、支撑计划等项目在内的纳米科技项目落地北京市；北京市每年有大批与纳米科技相关的项目立项和实施。其中，北京市科学技术委员会还设立了纳米科技产业园建设科技专项，2012—2017 年纳米科技成果转化累计支持资金额度达到 10 亿元。北京市今后还将根据纳米科技产业的发展趋势及北京市的地域特点，进行滚动支持，为高校和科研院所及纳米科技企业的技术攻关和成果产业化提供稳定支持。

④在纳米科技开发的装备资源方面，北京市高端设备数量最多，用于纳米科学研究的设备资源主要集中在北京市。同时，北京市还具有纳米科技研发所需装备的开发能力，在扫描电子显微镜、透射电子显微镜、扫描探针显微镜、金属有机化合物化学气相沉淀（MOCVD）、磁控溅射仪、紫外光刻机等纳米加工检测装备方面具有开发优势，并具备了一定的产业化能力。

⑤在创新载体方面，为了给纳米科技成果产业化提供空间载体，2012 年 4 月 21 日，北京市科委与怀柔区政府合作在怀柔区共建了纳米科技产业园，产业园采用北京市科委与怀柔区共建模式，发挥双方优势，形成政策合力，致力于纳米科技在能源、环境、电子、生物医药四大领域的应用，未来将建设成为集纳米科技领域技术研发、成果孵化、生产制造、商务服务于一体的产业集群和国内领先的高端纳米科技产业基地。在纳米科技产业园里建立的纳米科技企业孵化器，为纳米科技成果转化提供了空间载体。2013 年 9 月，园区被科技部认定为"国家纳米高新技术产业

化基地"。

纳米科技产业园以"国际一流、高端引领"为总体发展目标，汇集纳米领域优秀科技成果，提升纳米科技的自主创新能力，促进纳米科技成果的批量快捷转化和产业化。产业园自启动建设以来，已初步形成纳米绿色印刷、纳米能源、纳米水处理材料、新型显示材料等产业快速聚集发展的格局。目前，园区聚集了钢研总院、中科纳新、中科纳通、碧水源等一批纳米科技领域知名企业，并引进了碳纳米管触摸屏、纳米发电机、纳米超级电容器、碳纳米管批量制备等一批国际领先的产业化项目。园区正在集聚以中科纳新公司、中科纳通公司为龙头的6家纳米绿色印刷单位，将逐步形成年产值100亿元规模的纳米绿色印刷材料、设备、应用产业板块。如今，北京纳米科技产业园已渐成规模，碳纳米管触摸屏、电池用碳纳米管导电浆料、绿色印刷、纳米抛光液、纳米传感器等产品在多个行业实现规模化生产，传染性疾病快速检测、组织工程修复材料、纳米化药物研发也不断推进。

⑥在投融资方面，北京市与怀柔区两级政府共同推动纳米科技产业园发展。北京市科委从2012年起设立了"纳米科技产业园建设"专项，2012—2014年分别投入3000万元、5000万元和7000万元，同时利用市统筹资金支持纳米科技成果转化和产业化，累计支持资金额度3.8亿元，今后还将进行滚动支持。针对纳米科技企业存在注册资本少、项目偏前期的普遍现状，北京纳米科技产业园与启迪孵化器签订战略合作协议，纳米科技产业园负责纳米科技项目的中试及产业化，启迪孵化器则负责初创纳米科技项目的筛选、培育、孵化，双方优势互补，实现纳米科技成果小试、中试、产业化的全链条无缝对接。2013年，拥有"启迪之星"称号的北京集盛星泰科技有限公司落户于北京纳米科技

产业园。

总体而言,北京市纳米科技研发与产业化取得了一定的进展:科技资源国内领先,产业具备一定基础,地区经济实力雄厚,高科技产业发达,区位优势效应明显。同时也存在一系列问题:科技成果转化批量效应尚未显现,科技成果转化为现实生产力的比例仍较低,尚缺乏有效的科技成果批量转化机制;产业分布相对分散,企业规模普遍较小,行业内企业以中小企业为主,占比达到80%,尚未完全形成集聚效应,市场化进程缓慢。

4.1.4 产业投入与效益

在资料整理、理论分析的基础上通过发放问卷的方式进行了调研和定量分析。问卷内容主要分为三大部分,第一部分是对被调查对象基本信息的了解,主要包括性别、所在企业所属行业、职位类型、年龄、学历等信息;第二部分是量表题,是问卷主体,主要是对企业各个创新动力因素、创新障碍因素、创新投入、创新产出情况的掌握,每一题的评分区间是(1~7分);第三部分是选择题和开放题,是对量表题的补充,是基于访谈结果中企业面临的突出问题和重点需求进行全面调研,以更加深入地了解企业需求和发展问题。具体的问卷内容见附录。问卷回答者为纳米科技管理与服务的政府官员、行业专家、纳米科技企业高管,他们对纳米产业发展和国内纳米技术研发与进展情况也比较了解、掌握的情况也较为充分。根据调查问卷,对北京市纳米科技产业园内纳米科技企业进行调研,分析北京市纳米科技产业投入与效益情况。

(1)投入情况

相关经费的投入是纳米科技产业的基础,纳米科技研发、中试、科技人员费用支出，无一不需要大量投入。在费用投入评价方面，由表4.1中数据可知，整体费用投入量居一般水平，研发人员的费用和机器、设备费用的投入相对最为充足，评分均值达到了5.0及以上；技术引进费用投入力度最小，评分均值仅有3.2（保留到小数点后一位）；管理人员费用、原材料费用、（租赁）厂房费用投入程度一般；新产品推广费用投入程度较少。可见，目前产业园区纳米科技企业主要依靠自主研发纳米科技产品，对技术引进的投入不够。政府应引导纳米科技企业与国际接轨，吸纳国外先进技术，保持目前的纳米技术领先水平，并更加合理地规划土地资源以降低（租赁）厂房费用的支出，建设链式产业链，使纳米科技企业能及时推出新产品；同时也要加大对纳米科研项目的投资，依靠技术进步来降低企业对原材料费用的支出，通过建设技术产品一体化信息平台等方式帮助纳米科技企业推广新产品。

表4.1 费用投入情况评价结果

	技术引进费用	研发人员费用	管理人员费用	机器、设备费用	原材料费用	（租赁）厂房费用	新产品推广费用
有效	28	28	28	28	28	28	28
缺失	0	0	0	0	0	0	0
均值	3.1786	5.0357	4.2500	5.0000	4.4286	4.3571	3.8214
标准差	2.01942	1.47779	1.26564	1.36083	1.45114	1.66031	1.51666
方差	4.078	2.184	1.602	1.852	2.106	2.757	2.300
偏度	0.261	-0.288	-0.155	-0.095	0.113	-0.044	0.325
偏度的标准误差	0.441	0.441	0.441	0.441	0.441	0.441	0.441
峰度	-1.419	-1.018	-1.191	-0.909	-1.033	-0.638	-0.852
峰度的标准误差	0.858	0.858	0.858	0.858	0.858	0.858	0.858

4 北京市纳米科技产业的发展现状、战略目标与模式

(2) 效益情况

在纳米科技企业效益评价方面,由表4.2可知,整体效益水平一般,其中专利申请量和企业效益科技贡献率的效益最为突出,指标评分均值达到4.7以上;新产品数量和科技成果数量的效益次之;新产品销售收入效益最差,指标评分均值仅有3.3(保留到小数点后一位)。不难发现,纳米科技新产品销售收入较低是亟待解决的问题。一方面,纳米科技企业自身需加大营销力度和产品研发力度;另一方面,国家应为纳米科技产品的销售创造良好环境,帮助纳米科技企业寻求国际合作伙伴、积累平台建设的技术经验,开发全方位、全要素、全过程的纳米科技平台,及时更新纳米科技新产品的集成技术、销售渠道、从业人员等要素,为纳米科技产品等新型高科技产品的销售建设广阔平台,拓宽纳米科技产品的市场,如促进纳米科技产业在空间和链条上的集聚化发展,建立有效的产品信息系统供消费者查询和购买等,投入资金鼓励纳米科技企业探索新的销售方法,为企业自主开创销售网络提供技术支持和项目对接等,减少新产品数量与新产品销售收入间的不均衡。同时,完善相关法律政策,保护国内纳米科技企业自主研发的专业项目,并大力培养纳米科技人才,为纳米科技企业保持较高的专利申请量提供法律保护、人才资源和舆论支持。

表 4.2 效益情况评价结果

	专利申请量	企业效益科技贡献率	新产品数量	科技成果数量	新产品销售收入
有效	28	28	28	28	28
缺失	0	0	0	0	0
均值	4.7500	4.7857	4.3929	4.5714	3.3214

续表

	专利申请量	企业效益科技贡献率	新产品数量	科技成果数量	新产品销售收入
标准差	1.29458	1.19744	1.16553	1.13622	1.41562
方差	1.676	1.434	1.358	1.291	2.004
偏度	-0.379	0.027	-0.099	0.137	0.308
偏度的标准误差	0.441	0.441	0.441	0.441	0.441
峰度	-0.049	0.287	0.259	-0.110	0.311
峰度的标准误差	0.858	0.858	0.858	0.858	0.858

4.2 北京市纳米科技产业发展的外部环境分析

产业环境包括政策环境、科技环境、资源环境3个维度。本部分将对北京市纳米科技产业的产业环境进行定性分析和定量分析。

4.2.1 政策环境分析

(1) 不同层面的政策

1) 国家层面

纳米技术是具有重大战略意义的新一代共性技术。在发展纳米科技之初，我国就开始积极谋划整体布局，成为国际上较早开始纳米研发的国家之一。早在"八五"期间，"纳米材料科学"就被列入国家"攀登计划"项目。20世纪90年代以来，纳米材料的应用研究成果不断涌现，地方政府和企业逐渐意识到纳米科技的前瞻性和经济价值，并逐步介入我国纳米材料的研究中，形成了以基础研究促进应用研究的新局面。

4 北京市纳米科技产业的发展现状、战略目标与模式

2001年7月,科技部会同有关部委成立了"国家纳米科学技术指导协调委员会",并与原国家计委、教育部、中科院和国家自然科学基金委员会联合制定了《国家纳米科学技术发展纲要(2001—2010)》。在《国家纳米科学技术发展纲要(2001—2010)》框架指导下,围绕与纳米科技相关的材料、信息、能源、环境、医学及纳米安全等领域,各部门进一步强化了项目部署。2006年2月9日,国务院发布《国家中长期科学和技术发展规划纲要(2006—2020年)》(以下简称《规划纲要》),指出"纳米科技是我国有望实现跨越式发展的领域之一"。为贯彻落实《规划纲要》,科技部于2006年2月启动实施了我国纳米科学技术的旗帜性研究计划——纳米研究国家重大科学研究计划,连同国家高技术研究发展计划(863计划)、科技支撑计划,进一步强化了我国纳米科技的投入。国家自然科学基金委员会也启动了一系列纳米科技及纳米制造基础研究等重大研究计划。

2015年8月,全国人大常委会通过了《促进科技成果转化法(修正案)》,从国家法律层面上对1996年5月15日颁布的《促进科技成果转化法》进行了修订。国务院针对《促进科技成果转化法》的出台,专门制定了实施《促进科技成果转化法》的若干规定,对《促进科技成果转化法》的具体实施提出了一些明确的规定和要求,以促进研究机构与高等院校技术转移,激励科技人员创新创业,营造科技成果转移转化的良好环境。

2016年2月,国务院专门出台五大政策支持科技成果转移转化,鼓励国家设立的研究机构、高等院校通过技术转让、许可或作价投资等方式,向企业或其他组织转移科技成果:①自主决定转移其持有的科技成果,原则上不需审批或备案;②成果转移收入全部留归单位,主要用于奖励科技人员和开展科研、成果转化

等工作；③通过转让或许可取得的净收入及作价投资获得的股份或出资比例，应提取不低于50%用于奖励，对研发和成果转化做出主要贡献的人员的奖励份额不低于奖励总额的50%；④科技人员按照规定完成本职工作的情况下可到企业兼职从事科技成果转化活动，或在3年内保留人事关系离岗创业，开展成果转化，鼓励企业采取股权奖励、股票期权、项目收益分红等方式，激励科技人员实施成果转化；⑤将科技成果转化情况纳入研发机构和高校绩效考评，加快向全国推广国家自主创新示范区试点税收优惠政策，探索完善支持单位和个人科技成果转化的财税措施。这些法律法规、政策的出台为纳米科技成果的转化和产业化提供了有利的外部环境。

2）北京市层面

纳米科技产业作为当下新兴高科技产业之一，有着极大的潜力，北京市政府也极为重视纳米科技产业。为抢占纳米科技产业发展制高点，2012年4月，"北京纳米科技产业园暨北京纳米科技产业创新联盟"挂牌成立，北京纳米科技产业园于2013年10月升级为国家纳米高新技术产业化基地，多家纳米科技企业进驻园区，标志着新的纳米科技产业集群在北京已初现雏形。北京市于2012年4月启动实施"北京纳米科技产业跃升工程"，统筹布局北京市纳米技术和相关产业的协同发展，在科技资金、科技金融、科技平台、科技人才、科技孵化、国际科技合作等方面，为纳米科技园区的企业提供一揽子政策支持。2013年11月9—12日召开的十八届三中全会强调要"加快转变经济发展方式，加快建设创新型国家"。作为科技创新的领军者，北京市政府于2014年4月将发展纳米科技产业全面纳入《北京技术创新行动计划（2014—2017年）》，再次明确提出北京市纳米技术和产业的发展目标和重点任务，力争在2025年形成在全球纳米领域全面领跑的战略格局。2012年4月，北京纳米科技产业园和北京纳米科技产业创新联盟挂牌成立，该产业园于2013年升级为国家纳米高新技术产业化基地，多家纳米科技企业进驻园区，标志着新的纳米科技产业集群在北京市已初现雏形。中国科学院也采取了同样的行动，组织了一批能充分发挥综合优势、多学科系统集成的大型纳米科技项目，并于2013年7月启动了"变革性纳米产业制造技术聚焦"的战略性先导科技专项，计划在纳米绿色印刷、纳米动力锂电池、纳米医药、纳米催化及能源环境相关的纳米技术等方面进行重点攻关，进一步推动纳米技术的产业化应用。

3）怀柔区政府层面

在政策支持方面，作为怀柔区重点发展的高端产业，纳米科技产业的发展受到怀柔区委、区政府和北京市的大力支持。怀柔区政府于2012年8月和2013年1月分别出台了《怀柔区纳米产业科技成果转化和产业化项目资助办法》和《怀柔促进区域经济发展1+X政策》，对于在纳米科技产业园落地的纳米项目，给予政府股权投资、优惠地价、房租补贴等优惠政策。园区还制定了吸引人才的相关方案。2014年，北京市怀柔区政府印发了《怀柔区鼓励扶持纳米科技领域领军人才和高级技术人才实施办法》，该实施办法吸引了纳米领域领军人才和高级技术人才在北京纳米科技产业园创新创业，促进了纳米科技成果快速落地转化，标志着北京纳米科技产业园政策配套措施日臻完善。园区管理机构还将进一步整合北京市纳米领域科研、企业、成果孵化转化、投融资等方面的资源，为纳米科技产业创新创业构建坚强的支撑平台。

(2) 纳米科技企业对政府扶持政策的评价

就纳米科技产业积极的政策支持评价结果而言，有64.3%的人评分为6或7，认为政策支持对纳米科技产业发展的促进作用较大；有21.4%的人评分为4和5，认为促进作用一般；有14.3%的人评分为3，认为促进作用较小，如表4.3所示。

表4.3 纳米科技产业积极的政策支持评价结果

评分	频率	百分比	有效百分比	累积百分比
3.00	4	14.3	14.3	14.3
4.00	1	3.6	3.6	17.9
5.00	5	17.8	17.8	35.7
6.00	10	35.7	35.7	71.4
7.00	8	28.6	28.6	100.0
合计	28	100.0	100.0	

如今，纳米技术已渗入各个产业，以后必将起到促进我国科技水平整体进步的作用，因此，政府应当更加重视支持政策的出台和执行，同时应当调查部分人认为政策支持作用不大的原因并出台相应的改善对策。

就纳米科技产品创新周期而言，评分区间为[2，7]，大家普遍认为纳米科技产品创新周期太长对纳米科技企业创新发展有阻碍作用，有71.4%的人认为阻碍作用较强，14.3%的人认为阻碍作用一般，14.3%的人认为阻碍作用较弱，如表4.4所示。由此可见，纳米科技产品创新周期太长是阻碍纳米科技企业创新发展的关键因素。国家应建立较为完善的纳米科技研发与创新成果转化机制，借鉴西方发达国家纳米科技配套服务的建设经验，建成纳米科技成果与现行纳米科技产品的信息网，通过出台相应政策来帮助纳米科技企业的技术人员开拓应用纳米新科技，从而缩短创新周期。

表 4.4 纳米科技产品创新周期评价结果

评分	频率	百分比	有效百分比	累积百分比
2.00	1	3.6	3.6	3.6
3.00	3	10.7	10.7	14.3
4.00	4	14.3	14.3	28.6
5.00	10	35.7	35.7	64.3
6.00	6	21.4	21.4	85.7
7.00	4	14.3	14.3	100.0
合计	28	100.0	100.0	

4.2.2 科技环境

(1) 纳米科技环境总体分析

近年来，全球纳米技术发展迅猛，正处于从实验室研究迈向大规模产业化的关键时期。我国是国际上较早开展纳米科技研究的国家之一，研发水平整体上处于国际前列，产业发展也具有一定的基础。我国在纳米材料及其应用、隧道显微镜分析和单原子操纵等方面都达到了很高的水平，基本上与世界先进国家水平接近。根据德温特专利数据库，对1997—2016年（基于最早优先权年或基本专利申请时间）申请的与纳米科技相关的专利进行检索发现，中国的纳米专利申请量位列世界第一，这与中国纳米科研强国的地位相一致。根据《国之大器 始于毫末——中国纳米科学与技术发展状况概览》白皮书，在过去20年里，中国的纳米专利申请量累计达209 344件，占全球总量的45%，是美国（全球第二大纳米专利贡献国）同期累计申请总量的2倍以上。自2008年起，中国的年度专利申请量即已超过美国，成为世界第一，其增长速度远高于世界平均水平。目前，我国专门从事纳米科技产品开发与生产的企业数量已超过1000家，从事与纳米科技有关工作的人员约50 000人。

北京市在纳米领域科技资源和研发方面处于国内领先地位，在纳米科技成果转化和产业化方面也日渐活跃，已经具备了发展纳米科技产业的多方面优势和条件。北京市在纳米科技领域集中了全国约1/3的科技资源，每年承担国家1/2左右的专项项目，发表论文数与申请专利数占国内总数的近一半左右。因此，北京纳米科技产业园具备得天独厚的硬件发展基础，如能有效聚集资源要素、统筹谋划发展布局，将可能成为全国纳米科技产业的重要增长极，并为北京市战略性新兴产业的发展提供有力支撑。

（2）纳米科技企业对科技环境的评价

在对国内现有纳米技术的领先性对纳米科技企业发展的总体评价中，只有极少一部分人（3.6%）评分为3，认为领先的纳米技术对企业创新发展的促进作用极小；有10.7%的人评分为4，认为促进作用较小；25%的人评分为5，认为促进作用一般；大部分人（60.7%）评分为6或7，认为领先的纳米技术对纳米科技企业发展有较大的促进作用，评价结果如表4.5所示。由此可见，技术领先性对高科技企业的发展具有关键作用。然而从评价结果来看，目前仍有很多人没有对技术领先给予足够的重视。从全球视角来看，很多纳米科技骨干企业和跨国公司已经实现纳米科技产品的研发突破，国内纳米科技企业必须重视纳米技术的领先性。

4 北京市纳米科技产业的发展现状、战略目标与模式

表4.5 纳米科技企业现有纳米技术的领先性评价结果

评分	频率	百分比	有效百分比	累积百分比
3.00	1	3.6	3.6	3.6
4.00	3	10.7	10.7	14.3
5.00	7	25.0	25.0	39.3
6.00	11	39.3	39.3	78.6
7.00	6	21.4	21.4	100.0
合计	28	100.0	100.0	

在对纳米科技产品标准的评价中，认为缺乏完整的纳米科技产品标准严重阻碍纳米科技企业发展和对纳米科技企业发展阻碍作用极弱的分别占7.1%和3.6%，占比均较小；有17.9%的人认为缺乏完整的纳米科技产品标准对纳米科技企业创新发展阻碍作用较强；21.4%的人认为阻碍作用较弱；而50.0%的人认为有一定的阻碍作用（表4.6）。因此，需要改进纳米科技检验技术，建立完整的纳米科技产品标准以规范企业产品甚至为其开拓一条以科技为标准的绿色通道。

表4.6 缺乏完整的纳米产品标准评价结果

评分	频率	百分比	有效百分比	累积百分比
1.00	1	3.6	3.6	3.6
3.00	6	21.4	21.4	25.0
4.00	8	28.6	28.6	53.6
5.00	6	21.4	21.4	75.0
6.00	5	17.9	17.9	92.9
7.00	2	7.1	7.1	100.0
合计	28	100.0	100.0	

4.2.3 资源环境

(1) 纳米科技产业资源环境总体分析

资源是产业成长的基础,产业成长的资源包括自然资源、人力资源和资本资源。财政方面,"十三五"期间,科技部将投入20多亿元。2000—2017年,国家自然科学基金项目中关于纳米科技的项目每年平稳增长25%左右,仅在2009年小幅下调。大学和研究所一直是我国资助比较多的机构,纳米科技基金项目的分布也集中于此,且主要分布在北京(49 091.72万元)、上海(22 890万元)、江苏(16 435万元)、安徽(10 631.5万元)和辽宁(9279.5万元)等省市。

国际纳米科技进展对我国纳米技术的发展有一定的影响,2000年美国启动国家纳米技术计划并且制定出很多关于纳米战略研究方面的系列规划和法案,在一定程度上促进了我国纳米技术的前进。数据显示,2000年,我国批准的纳米科技相关的基金项目明显增多。

然而,资本、人力资源仍是国内纳米科技产业短缺部分。纳米科技产业规模化离不开智力和资金支持。就智力而言,纳米科技产业缺少市场型企业家和管理人才。纳米科技产业的企业家、管理者几乎都是科学家、技术人员出身,他们往往经营视角受限、管理经验不足,因而,促使他们成功转型是非常关键的。在资金方面,纳米材料企业发展瓶颈在于如何筹资、融资。IT和互联网企业的兴起,得益于一批敢于"烧钱"的风险投资的存在。纳米材料企业能否找到新的具有吸引力的商业模式,在资本市场上如IT和互联网企业一样筹集到足够资金,这是纳米材料企业尚没有解决的问题。

4 北京市纳米科技产业的发展现状、战略目标与模式

(2) 纳米科技企业对资源环境的总体评价

在对北京市的区位优势评价中发现，评分区间为［4，7］（表4.7），这表明人们普遍认为北京市的区位优势对公司的创新发展有较好的促进作用；67.8%的人评分为6或7，认为区位优势对创新发展的促进作用较强；32.2%的人评分为4或5，认为区位优势对创新发展的促进作用一般。中关村科技园等北京科技产业密集区为纳米科技企业发展奠定了良好的基础，政府应多开发此类结构完善、要素全面的科技产业聚集区。

表4.7 北京市的区位优势评价结果

评分	频率	百分比	有效百分比	累积百分比
4.00	5	17.9	17.9	17.9
5.00	4	14.3	14.3	32.2
6.00	9	32.1	32.1	64.3
7.00	10	35.7	35.7	100.0
合计	28	100.0	100.0	

关于纳米科技企业运营成本的评价，有71.5%的人认为企业运营成本太高对企业创新发展的阻碍作用较强，其中17.9%的人认为目前企业运营成本严重阻碍企业创新发展，有7.1%的人认为阻碍作用一般，21.4%的人认为阻碍作用较弱（表4.8）。因此，政府可通过提供更高质量的政策、平台、机制、环境等方面的公共服务，搭建批量转化通道，吸引世界范围内的纳米科技企业在北京市汇聚，形成规模经济，以妥善解决纳米科技产业分布分散、土地资源昂贵、科技园建设不足的问题，从而为纳米科技企业控制运营成本打造良好的外部环境基础。

表 4.8 纳米科技企业运营成本评价结果

评分	频率	百分比	有效百分比	累积百分比
2.00	3	10.7	10.7	10.7
3.00	3	10.7	10.7	21.4
4.00	2	7.1	7.1	28.5
5.00	8	28.6	28.6	57.1
6.00	7	25.0	25.0	82.1
7.00	5	17.9	17.9	100.0
合计	28	100.0	100.0	

在纳米科技产品检测服务性平台方面，42.9%的人认为缺乏纳米产品检测服务性平台对企业创新发展阻碍较大，25%的人认为阻碍作用一般，32.1%的人认为阻碍作用较小，如表4.9所示。显然，缺乏纳米科技产品检测服务性平台是阻碍纳米科技企业创新发展的关键因素，国家应当建设与科技项目和科技公司都有对接的纳米科技产品检测服务性平台，通过共享来实现检测需求的满足和其他技术性服务的满足，利用平台的辐射作用，让纳米科技产品提供者、技术检测者、投资者都能提高效率。

表 4.9 缺乏纳米科技产品检测服务性平台评价结果

评分	频率	百分比	有效百分比	累积百分比
1.00	2	7.1	7.1	7.1
2.00	3	10.7	10.7	17.8
3.00	4	14.3	14.3	32.1
4.00	7	25.0	25.0	57.1
5.00	7	25.0	25.0	82.1
6.00	1	3.6	3.6	85.7
7.00	4	14.3	14.3	100.0
合计	28	100.0	100.0	

在纳米科技企业融资困难评价方面，评分区间为[1,6]，

4 北京市纳米科技产业的发展现状、战略目标与模式

没有人认为纳米科技企业融资困难问题成为纳米科技企业创新发展的最大难题,但有39.3%的人认为融资难度较大,21.4%的人认为融资难度一般,39.3%的人认为融资难度较小(表4.10)。因此,此因素并非是阻碍纳米科技企业创新发展的决定性因素。

表4.10 纳米科技企业融资困难评价结果

评分	频率	百分比	有效百分比	累积百分比
1.00	1	3.6	3.6	3.6
2.00	8	28.6	28.6	32.2
3.00	2	7.1	7.1	39.3
4.00	6	21.4	21.4	60.7
5.00	7	25.0	25.0	85.7
6.00	4	14.3	14.3	100.0
合计	28	100.0	100.0	

在纳米科技企业带头人发挥核心作用评价方面,有96.5%的人评分落在[5,7]区间,这表明绝大部分人认为纳米科技企业带头人发挥核心作用对促进公司创新发展作用较大;有3.5%的极少部分人评分为4,认为带头人对创新发展作用一般,如表4.11所示。国家应重视人才的发掘和培养,从教育源头解决我国优秀企业领导人与西方发达国家相比数量不足和质量不高的问题。

表4.11 纳米科技企业带头人发挥核心作用评价结果

评分	频率	百分比	有效百分比	累积百分比
4.00	1	3.5	3.5	3.5
5.00	8	28.6	28.6	32.1
6.00	11	39.3	39.3	71.4
7.00	8	28.6	28.6	100.0
合计	28	100.0	100.0	

在纳米科技产品研发人才评价方面，有57.1%的人认为缺乏纳米科技产品研发人才对企业创新发展阻碍作用较大，17.9%的人认为阻碍作用一般，25.0%的人认为阻碍作用较小，大部分人都较为重视人才缺乏对企业创新发展的阻碍作用（表4.12）。纳米科技人才的培养和吸纳需要依靠国家的调控，媒体宣传可提高大众对纳米技术的认识，将纳米科技园建于北京市各高校附近，有利于为纳米产业储备人才资源。

表4.12 缺乏纳米科技产品研发人才评价结果

评分	频率	百分比	有效百分比	累积百分比
1.00	1	3.6	3.6	3.6
2.00	2	7.1	7.1	10.7
3.00	4	14.3	14.3	25.0
4.00	5	17.9	17.9	42.9
5.00	9	32.1	32.1	75.0
6.00	5	17.9	17.9	92.9
7.00	2	7.1	7.1	100.0
合计	28	100.0	100.0	

4.2.4 不同参数间影响对比

本部分根据实际调研中的目标对象进行分类，分析被调查者在不同行业、职位类型、学历水平等参数下对产业环境的判断和理解是否有不同的结果。

（1）行业对比

图4.1为不同行业纳米科技各创新动力因素影响程度的散点图，纵坐标表示评价平均分，横坐标为细分行业。

从图4.1中可以看出，在电子与传感器件科技产业、印刷制

4 北京市纳米科技产业的发展现状、战略目标与模式

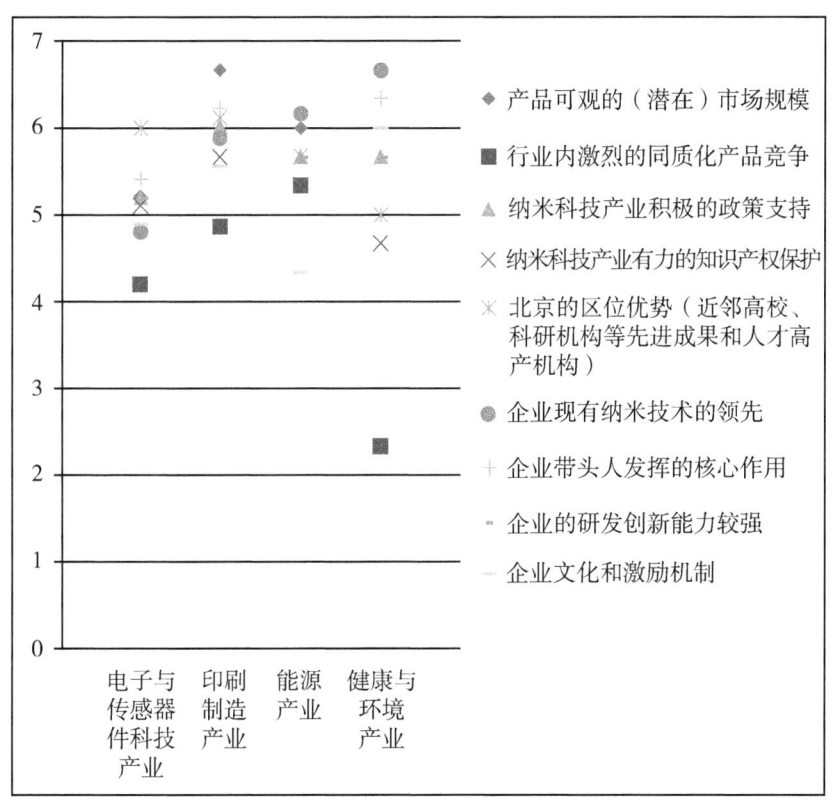

图4.1 不同行业纳米科技各创新动力因素影响程度（见书末彩图）

造产业、能源产业、健康与环境产业这四大产业中，同质化产品竞争促进作用均较小，其中，电子与传感器件科技产业中，北京市的区位优势促进作用最为突出；印刷制造产业中，纳米科技产品可观的市场规模影响最大，企业带头人发挥的核心作用和北京市的区位优势也较为显著；能源产业和健康与环境产业中，企业现有纳米技术的领先因素促进作用最强；健康与环境产业中，企业带头人发挥的核心作用也较为明显。总体来看，各因素对印刷制造产业和健康与环境产业发展促进作用较强，而对电子与传感器件科技产业和能源产业而言，促进作用相对较弱。

图 4.2 为各创新障碍因素在不同行业中的影响程度散点图，纵坐标表示平均分，横坐标为细分行业。

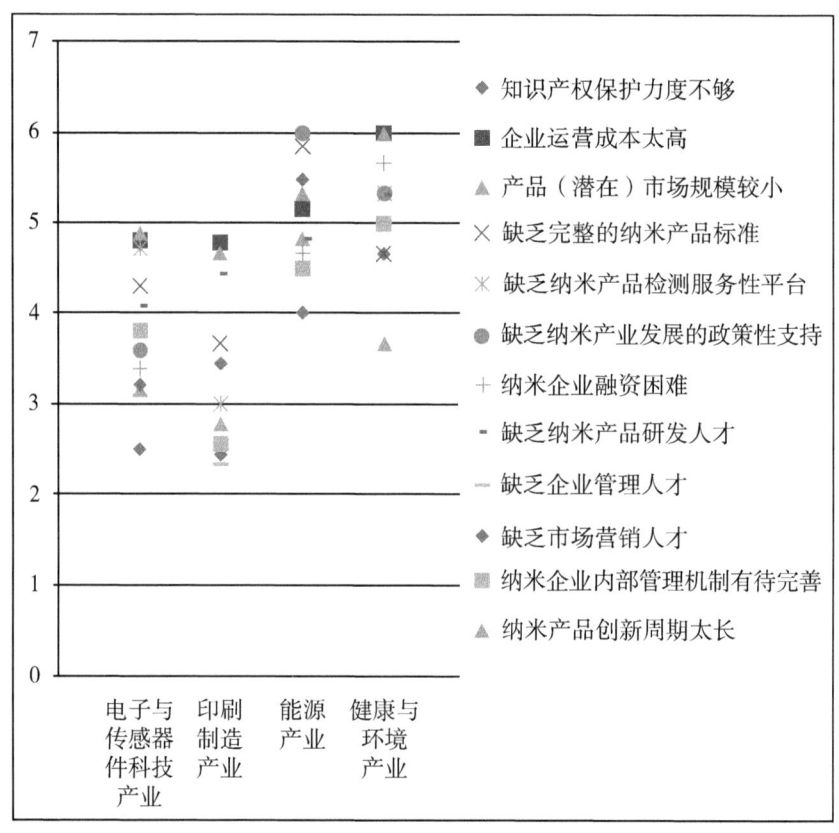

图 4.2　不同行业纳米科技各创新障碍因素影响程度（见书末彩图）

从图 4.2 中可以看出，四大产业中，纳米科技产品创新周期太长是纳米科技产业创新障碍作用较大的因素之一，其中电子与传感器件科技产业中，企业运营成本太高、缺乏纳米科技产品检测服务性平台也严重阻碍了企业创新；印刷制造产业中企业运营成本因素阻碍作用也较为显著；能源产业和健康与环境产业中，缺乏政策性支持和完整的纳米科技产品标准阻碍作用最强；健康与环境产业中，运营成本成为最大的障碍因素之一。总体来看，纳米科技创新各因素对能源产业和健康与环境产业发展阻碍作用较强,而对电子与传感器件科技产业和印刷制造产业而言,阻碍作用相对较弱。

(2) 职位类型和学历对比

表4.13和表4.14为职位类型对纳米科技各创新动力因素和创新障碍因素的调节性检验,sig(统计显著性)值均大于0.05,由此可以看出,不同职位类型的人对纳米科技创新各因素的认识和评价基本无差别。表4.15和表4.16为学历对各创新动力因素和创新障碍因素的调节性检验,sig值均大于0.05,由此可以看出,不同学历的人对纳米科技创新各因素的认识和评价基本无差别。

表 4.13 职位类型对各创新动力因素的调节性检验

	纳米科技产品可观的(潜在)市场规模	企业运营成本太高	行业内激烈的同质化产品竞争	纳米科技产业积极的政策支持	纳米科技产业有力的知识产权保护	北京的区位优势(近邻高校、科研机构等先进成果和人才高产机构)	企业现有纳米技术的领先	企业带头人发挥的核心作用	企业的研发创新能力较强	企业文化和激励机制
卡方(x^2)	3.353	8.796	8.718	0.248	2.908	4.158	3.278	2.653	1.709	2.570
df	4	4	4	4	4	4	4	4	4	4
渐近显著性	0.501	0.066	0.069	0.993	0.573	0.385	0.512	0.617	0.789	0.632

表 4.14 职位类型对各创新障碍因素的调节性检验

	纳米科技知识产权保护力度不够	纳米科技产品(潜在)市场规模较小	缺乏完整的纳米科技产品标准	缺乏纳米科技产品检测服务性平台	缺乏纳米科技产业发展的政策性支持	纳米科技企业融资困难	缺乏纳米科技研发人才	缺乏企业管理人才	缺乏纳米科技产品市场营销人才	纳米科技企业内部管理创新机制有待完善	纳米科技产品创新周期太长
卡方(x^2)	2.907	5.149	4.367	2.662	5.809	4.893	5.728	4.326	3.379	3.110	5.277
df	4	4	4	4	4	4	4	4	4	4	4
渐近显著性	0.574	0.272	0.359	0.616	0.214	0.298	0.220	0.364	0.496	0.540	0.260

表 4.15　学历对各创新动力因素的调节性检验

	纳米科技产品可观的(潜在)市场规模	行业内激烈的同质化产品竞争	纳米科技产业积极的政策支持	纳米科技产业有力的知识产权保护	北京的区位优势(近邻高校、科研机构等先进成果和人才高产机构)	企业现有纳米技术的领先	企业带头人发挥的核心作用	企业的研发创新能力较强	企业文化和激励机制
卡方(x^2)	0.126	1.678	5.288	4.697	2.836	0.265	0.071	0.685	4.357
df	2	2	2	2	2	2	2	2	2
渐近显著性	0.939	0.432	0.071	0.096	0.242	0.876	0.965	0.710	0.113

表 4.16　学历对各创新动力因素的调节性检验

	纳米科技知识产权保护力度不够	企业运营成本太高	纳米科技产品(潜在)市场规模较小	缺乏完整的纳米科技产品标准	缺乏纳米科技产品检测服务性平台	缺乏纳米科技产业发展的政策性支持	纳米科技企业融资困难	缺乏纳米科技产品研发人才	缺乏企业管理人才	缺乏纳米科技产品市场营销人才	纳米科技企业内部管理机制有待完善	纳米科技产品创新周期太长
卡方(x^2)	3.234	0.087	0.618	0.631	2.368	2.638	1.950	1.543	0.563	2.487	0.895	1.313
df	2	2	2	2	2	2	2	2	2	2	2	2
渐近显著性	0.198	0.958	0.734	0.729	0.306	0.267	0.377	0.462	0.755	0.288	0.639	0.519

4.3 北京市纳米科技产业的战略目标与模式

4.3.1 科技产业发展的驱动要素

政策、市场、技术、人才是推动纳米科技产业化进程的四大要素，而这四大要素之间也存在着相互关联作用。产业化发展离不开企业，政策、市场、技术、人才的考量需要面向企业。政策的制定需要涵盖前期技术创新、人才引进、后期市场推广和应用三大领域，人才引进需要集科技研发、内部管理、市场营销等多个领域，技术创新是人才的智慧结晶，同时也离不开对市场需求的研究和预测。这四大要素之间相互促进，综合其作用有利于产生溢出效应。

（1）政策：先决力量

根据熊彼特理论，创新是经济发展的核心，使用不同的方式利用现有的资源，注重生产技术的革新和生产方法的变革才是促进经济发展的关键要素。通过知识的累积推动经济高速发展，依靠制度创新和技术创新进一步提高资源利用率，从而推动经济持续增长。制度创新和技术创新两者相辅相成形成熊彼特方式。制度创新，从国家角度来讲是指一国的政治制度的创新，从产业角度来讲主要是指产业政策等。纳米科技产业政策产生于一定的生产发展水平上，并与生产力发展水平在一定时期内保持一致，当产业经济形势变化时，政策作为上层建筑的重要内容也要随之更迭。政策不能脱离实践的发展程度，也不能背离产业发展的轨迹。换言之，纳米科技产业政策的制定、更迭依托于既定的经济水平和产业发展程度。

波特钻石模型将政府作为影响产业竞争力的要素之一，足以证明政策在产业经济发展中发挥着不可忽视的作用。尤其在社会主义特有经济体制下，政策更是发挥了举足轻重的作用。政府政策对产业结构的变化能够产生明显有效的影响，最直接的影响就是对产业准入、竞争活动或利润这样一些关键性变量进行全面控制。政府政策对企业进入行业的标准、门槛限制及价格政策也同样对产业经济发展起到先行作用。政府政策对产业结构间接的影响是通过对产品质量及安全性、环境保护、税收等进行限制来实现的。许多有关新产品质量和环境的条例，实际上是通过对研究和测试强加一些规定来提高资本准入要求和规模的经济性。

有利的相关政策和政府措施能够直接促进产业发展步伐，产业发展方式和理念能否契合当地政府的目标成为构造产业环境的重要因素。政府政策的导向是产业发展的指南针，合理政策的制定对产业的健康发展至关重要。北京市纳米科技产业的快速发展离不开政府政策的引导和支持。

（2）技术：核心要素

在产业化大环境中，技术是产业的内部核心圈，政策、市场等条件均为产业的保护圈和延伸圈，没有成熟的技术，政策和市场都无法发挥作用。如果只注重市场需求的拉动作用，即便在短期内产品销路很好并获利，但会因缺乏足够的高技术附加值而承担着由技术变革带来的风险；反之，如果只注重技术发展，研制出来的产品虽有很高的技术附加值，但市场并不需要或者需求量很小，这也与技术商品化、产业化的目标相背离。

对于任何一个科技企业来说，为了生存和发展，都需要进行技术创新。根据创新全过程理论，技术创新是企业形成、产业形成的先决条件。持续的技术创新和再创新是企业发展壮大的保证。新经济时代，竞争异常激烈，企业的生死存亡关键是要看"谁能创新"，同时还要比"谁创新得更快"。具有创新能力且创新快的企业就可以占据较大的市场份额，获得更多利润。

（3）人才：基础条件

科技领军人才是产业发展的基础条件，对产业发展进程具有重要的推动作用。领军人才可以有效地整合其拥有的相关资源，充分调动前期科技研发项目资源，引入所在领域专业性人才，领军人才的权威性也向市场提供了保障。据统计分析，领军人才对行业的投入是众多业内专业人才投身于研发工作的动力。

（4）市场：检验机制

高科技更新较快，市场淘汰率较高，因而无法承受很长时间的认知与接受过程。从市场培育角度看，需要有一定时间引导消费者逐步认识和接受高技术产品；从技术接受角度看，又要求尽可能缩短认知时间，迅速占领市场，否则可能面临淘汰的威胁。消费者从知道产品、认识产品、了解产品到判断高科技产品的效用和利益等方面的周期会比一般产品长。因此，如何高效地将高科技产品与市场对接是产品市场化的核心问题。

高科技产品能否市场化是实现产业化的核心与关键，这不仅取决于高科技产品的成熟度，还在于高科技企业或产业的营销管理能力、市场发展水平、市场需求等因素。一个产品的开发要与市场相结合，开发相应的市场体系，否则就会产生信息不对称现象。

4.3.2 北京市纳米科技产业的主要目标与发展模式探索

(1) 北京市纳米科技产业的主要目标与战略定位

在纳米化的大趋势环境下，北京市政府对纳米科技产业化发展尤为重视。北京市是我国科技创新中心，先天发展优势充足，重点高校、科研院所及相关国家实验室等科技资源优势聚集。在纳米科技领域，北京市还汇聚了一大批优势科研机构，集中了全国纳米领域1/3的科技资源，以中关村科技园区为代表的相关产业集聚效应突出，为北京市纳米科技产业的发展提供了重要的保障和支撑。近年来，北京市在纳米科技方面的研发投入不断加大，北京市科委先后支持纳米科技项目超过70项。

如何适应国际纳米科技产业化进程，充分利用已有资源和各方对纳米科技产业的科技投入，满足战略性新兴产业发展需求，实现传统产业的升级，是不容忽视的战略性问题。如果通过纳米技术进行产品升级并加以整体推进，结合产业发展促进纳米领域科技成果批量转化，必将使北京市纳米科技产业整体实力快速提升，并更有力地支撑全市传统产业转型升级及战略性新兴产业发展。

北京市明确了纳米科技产业的主要目标是为可持续发展、资源能源环境提供技术解决方案，通过纳米技术整合基础研究、应用研究和相关产业，引领下一次产业革命，在技术和产业上实现跨越式发展，增强自身竞争力以提升北京市乃至中国未来经济实力。其发展定位是通过科研开发、成果转化、批量生产的阶段进程以推动新兴产业发展和传统产业升级的横向产业。

(2) 北京市纳米科技产业发展模式探索

为了更好地集聚多方优势资源和力量，推动北京市纳米科技产业集聚发展，于2012年4月，经过北京市科委与怀柔区政府的多次研讨与论证，北京纳米科技产业园在怀柔雁栖经济开发区启动，并联合清华大学、碧水源、国家纳米中心等21家"政、产、学、研、用"优势单位在北京纳米科技产业园区发起成立"北京纳米科技产业创新联盟"，以推动北京市纳米科技产业聚集发展。为了响应国家大众创新、万众创业的号召，联盟从2015年开始举办"纳米之星"创新创业大赛，目前已经举办了4届，吸引了全国各地的纳米科技团队及企业甚至国际团队参赛，形成了品牌效应。

根据北京市纳米科技产业发展目标和定位，基于目前纳米科技产业发展现状和发展趋势，借鉴国外先进的发展方式和路径措施，以"高校院所研发基地—纳米众创空间—纳米专业孵化器—园区孵化加速器—产业发展基地"5级孵化转化体系为产业发展理念，结合深度访谈和问卷分析结果，可以构建以政府、技术、人才、市场为驱动要素，以工程中心为驱动力量的产业发展模式，如图4.3所示。

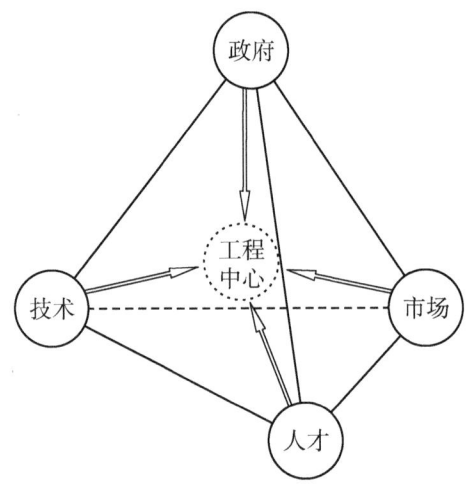

图 4.3　产业发展模式结构

4.4 纳米科技产业发展的四大驱动要素和驱动机制

4.4.1 纳米科技产业四大驱动要素

(1) 政府政策

纳米科技产业等新兴产业在获得有关规章制度及管理部门的承认和批准等方面存在困难，如果他们的科技和产品与政府的政策、规章制度不符，必然会受到限制或放慢产业发展速度。而且，纳米科技产业的技术创新活动具有较强的外部性。因此，对纳米科技创新进行有效、合理的政策引导和保护是纳米科技创新行为的保护伞和动力。政策对纳米科技产业知识产权的保护程度和产品的认可度直接反映了政府对产业发展的态度。适用于纳米科技产业的政策更迭与创新是制度创新的核心。为此，北京市怀柔区于2012年10月发布了《怀柔区纳米产业科技成果转化项目资助办法》，与此同时，北京市科委与怀柔区政府还根据1:1的比例匹配专项资金，对入园企业和项目予以资金扶持。2014年，怀柔区政府又出台了《怀柔区鼓励扶持纳米科技领域领军人才和高级技术人才实施办法》，对纳米科技领域领军人才和高科技人才给予特殊政策支持。

建设区域一体化的纳米科技产业链和价值链，打造创新发展战略高地。紧紧围绕原始创新高地和纳米高科技服务业基地两大板块，北京市正积极探索建立纳米领域的中央研发区，致力于提升原始创新能力，形成涵盖纳米科技产业研发设计、检测认证、知识产权、创业孵化、科技金融等功能的服务业态，着力推动纳米科技产业京津冀协同发展。在此背景下，北京纳米科技产业园总体发展战略定位为国家纳米高新技术产业化基地，包括前沿科技、产业中枢、创新门户、发展引擎和绿色环保5层含义。

北京市纳米科技产业发展需摒弃传统的GDP发展模式，要与国内具有人力、土地资源等比较优势的产业区域建立合作关系，尤其是在津冀地区建立一体化发展模式，充分利用自主创新品牌，努力将北京市完成的中试以后的纳米技术实现跨区域产业化，合作双方以协议的方式进行税收分成，实现双赢和多赢，变革以往无组织的模式，将纳米科技成果被动外流转化为主动外流，加速北京市纳米科技成果产业化进程。同时，建立民办非企业纳米技术研发中心及面向纳米科技企业研发的若干专业公共平台，以满足园区内企业的实际需求，解决企业技术难题，支持纳米科技企业长远发展。

（2）纳米技术

纳米科技产业作为高新技术产业之一，其核心技术是产业化的决定性因素。因此，纳米技术和市场需求在纳米科技产业的形成和发展中以一种互动的方式起着重要作用，并由市场需求和技术发展共同决定，市场需求决定了纳米技术及产业化的收益，纳米技术决定其成功的可能性和成本。纳米科技领域的研发和技术应该结合市场需求以达到改变经济发展方式和社会生活方式的目的。

北京市聚集了国家纳米技术中心、北京大学、清华大学、北京纳米能源与系统研究所等数十所国内外知名的纳米研发机构，以及10余家纳米领域国家重点实验室与工程中心，省部级重点实验室及工程中心达到30余家，形成了良好的硬件条件，为纳米技术创新提供了良好的环境基础。近年来，北京市在全国纳米技术自主创新方面具有突破优势，获得纳米技术领域全国授奖总数的一半以上,并且发表的高水平论文、自主创新的核心专利数量均处于国家领先行列。

北京市在纳米科技领域创新链条建设及成果转化模式方面一直积极探索。目前已经建设了一批纳米技术专业孵化器及纳米技术专业加速器,并对园区发展进一步规划,逐步形成辐射京津冀、带动全国发展的技术转移、产业联动的协同发展机制。北京纳米科技产业园与纳米专业孵化器、纳米科技重点实验室及纳米技术专业加速器还需进一步加强战略合作关系,进一步顺畅和夯实纳米技术创新和纳米科技成果转化通道。

(3) 纳米科技人才

纳米科技领域对领军人才及纳米科技专业人才的需求极为迫切。纳米科学是与许多学科紧密相连的,并非一门独立存在的学科,纳米技术研究开发工作的基础性、长期性和交叉性非常明显,需要物理学家、化学家、生物学家等诸多领域专家的紧密协同作战,也决定了需要大量拥有多学科知识的复合型人才。日本通过积极实施"先进技术的探索研究"等计划,鼓励国内外的产业界、大学及研究机构合作研究,来培养纳米材料产业的人才;欧盟则建立欧洲纳米材料财团(ECNM)等组织,增进研究人员和产业界之间的交流,通过举行商品化的研讨会,促进对研究人员和工程师的跨学科教育和培养;法国建立了一个微米/纳米技术发明中心,集中3000～3500名大学生、研究人员及企业家,配备最先进的仪器设备和超净室,并成立"微米纳米技术之家",专门负责申请专利和帮助研究人员建立创新企业,相对集中地培养纳米人才。

目前,北京市纳米科技领域已经在纳米科技人才储备方面形成突出优势。北京市拥有纳米科技领域两院院士50余人,占全国纳米科技领域两院院士总数的一半以上；国家纳米协调指导委员会专家10人，达到专家组总人数的一半以上；此外，北京市还汇聚了数百名高端纳米科技研发人员，数千名高素质的纳米技术工作者，以及数万名相关专业的在校学生。完备的高端技术人才队伍为北京市纳米科技产业发展提供了有力的人才和智力保障。

目前，北京纳米科技产业园区汇聚了大量的中小型纳米科技企业，他们主要从事纳米技术研发、生产及销售相关产品。但这类企业的特点决定了其无法通过高薪留住纳米科技高端专业人才。要解决这一难题，需要股权激励机制的建立、国家及地方政府人才政策的配合。同时还需要各大高校及科研院所培养更多相关领域人才，保证源源不断地输出人才，以满足北京市纳米科技产业巨大的人才需求。

(4) 纳米科技产品市场

纳米科技产业是以高新技术为核心技术，在产生高效益的同时也伴随着高风险。从总体上看，我国纳米科技及其产品的应用性落后于基础研究，市场开发落后于技术开发，其产品的营销推广能力也弱于一般产品，产业化进程相对缓慢。市场化发展主要障碍来源于以下方面。

①产品性能不确定，下游市场购买风险大。作为技术创新的结果，纳米技术属于新兴的尖端技术，其原理、结构、性能都较为复杂。纳米科技产品在投放市场初期往往还不成熟，技术性能缺乏必要的市场验证，目标市场对纳米科技产品的认知度不足，且缺乏一定的产品认证标准，多方面的不确定性削弱了厂商和消费者的需求。

②市场培育时间长。纳米科技产业属于新兴产业，市场前景

不确定。中国纳米科技产业化进程落后于发达国家的重要原因之一就是没有形成完整成熟的产业链，研发制备企业和下游应用企业脱节，纳米科技产品的营销推广能力也弱于一般产品，市场需求尚未全面打开。如果未能充分考虑纳米科技产业的市场需求和发展水平，做好市场营销工作，量产后可能会存在价格下降的风险，甚至还会产生纳米技术扩散过慢而导致行业发展不明朗问题。

纳米科技产业市场目前规模较小且不明朗，在市场对象、范围、规模难以明确的情况下，企业通常很难预先安排生产规模及采取针对性的市场策略，容易造成市场机会丧失或者投资浪费等现象。

③纳米科技产品的推出对相关行业现存产业链造成一定冲击。纳米科技的高速发展形成新的消费市场，而且其较强的衍生性导致其广泛应用于不同产业，使纳米科技产业市场具有良好的扩张性，与其他技术结合后常会产生预想不到的结果。但与此同时又会对现有行业的传统市场造成威胁，纳米科技企业要想应用新产品，势必会引起其工艺流程和相关技术的改变，可能会引起多米诺骨牌效应。所以，相关行业上下游的支持度也是影响纳米科技产业市场化发展的重要力量。

4.4.2 以工程中心为运营平台的纳米科技产业驱动机制

根据以上政府、技术、人才、市场在各阶段发挥的作用可以发现，各要素之间相互关联的，环环相扣，而各要素之间的紧密配合则更能产生加成效果，而任何一个要素的缺失都将无法使整个产业顺利发展。如何将这4种要素结合起来发挥其最大效用，则需要相应的驱动机制的支持。该驱动机制最核心的原则就是联合4种要素发挥其实际最佳能动效应。目前，北京纳米科技产业园区构建的公共服务平台及孵化器在使用政府政策、技术、人才、市场等要素方面已经做了很大努力。公共服务平台采取联合共建模式，国家纳米科技中心、雁栖经济开发区管委会、北京中科纳通电子技术有限公司联合成立纳米电子材料检测中心，为入园纳米科技企业提供检测认证服务。公共服务平台集成了电化学工作站、扫描电镜、粒度分析仪等大量高科技设备，为入园企业提供了包括失效分析与预防、电子材料可靠性、纳米材料分析、半导体及相关领域监测分析在内的四大类检测服务，有效提升了园区的科技服务能力。在孵化器建设方面，万方研发服务中心提供了42 000m^2的孵化场地，能够容纳300个孵化项目入驻，并将引进一批科技服务机构，可面向入园纳米科技企业提供科技服务、检测认证、科技咨询、科技金融等全方位的孵化服务。这些努力能够提供一定的检测服务和孵化服务，但功能尚且并不全面。

为更有效使用好政府政策、技术、人才、市场等要素，使纳米科技企业更好地利用政府政策，不断加大科技创新，更有效地使用纳米科技人才，连接市场，使这些要素能够协调统一，这就需要建立一个既有统筹多方资源、具有多种功能，又有实际可操作的运营平台——纳米科技工程中心。纳米科技工程中心首先是技术中心，众多纳米科技人才都将使用这一中心，纳米科技企业也借助这一中心加快纳米科技产品市场化进程；而且在政府多项优惠政策支持下，工程中心通过多种方式降低纳米科技企业研发成本，进而促进纳米科技产业发展。

（1）纳米科技工程中心的功能

工程中心的成立主要是满足北京市纳米科技产业在政府支

持、技术研发、人才投入、市场化发展等方面的需要，其功能如下。

①科学实验。由于目前纳米科技企业以中小规模为多，而纳米科技领域又是新兴领域，相关资源珍稀而昂贵，大多数纳米科技企业以自身实力难以购买纳米科技研发所需的高昂的机器设备，这极大地减弱了纳米科技企业的研发积极性。因此，由工程中心购买纳米科技产业领域相关的共性稀有实验设备，纳米科技企业只需支付一定的实验费用即可，以满足纳米科技企业研发试验的需求。

②中试检测。中试检测是研发成果投入规模化生产之前极为重要的环节，有利于降低生产与投资风险。工程中心通过提供纳米科技产品中试检测服务，可以加快纳米科技产品市场化进程，提高纳米科技企业研发积极性和生产积极性。

③产品检测及认证。通过对纳米科技企业提供纳米科技产品检测与认证服务的，一方面可规范纳米科技企业生产行为，另一方面能够提高市场对纳米科技产品的信任度，在规范纳米科技企业生产发展的同时也为其打开了走向市场的大门，与此同时，消费者也有了鉴别纳米科技产品的依据或购买纳米科技产品的保证，有利于增加纳米科技产品的购买量。

④信息一体化。在纳米科技产业化发展过程中，政府支持行为、人才支持、市场化等方面都存在一定程度的信息障碍。信息的不完全对称或失灵使纳米科技企业未能充分了解政府的支持行为并加以利用，纳米科技专业性人才未能充分了解纳米科技产业人才需求，纳米科技产业链下游企业未能将自身需求与纳米科技产品相对应，纳米科技产品研发和生产企业未能捕捉市场需求信息等问题。这些问题都阻碍了纳米科技产业化发展的步伐。纳米

科技信息一体化网络平台的建立能够有效实现行业信息公开化，促进产业链各端的联系和合作。

⑤企业孵化。在纳米科技企业初创时期，对于一些发展初期相当困难但发展前景良好的企业提供资金援助、管理服务，工程中心以入股或收入分成的方式获得回报，降低纳米科技创业风险，促进纳米科技成果的转化。

⑥专利补贴。为鼓励纳米科技企业研发创新，同时避免经费漏洞等情况，工程中心采取专利补贴的形式鼓励纳米科技企业研发与创新行为。

（2）纳米科技工程中心的运营主体

工程中心可由北京市主管部门、地方政府和主要科研院所或纳米科技企业发起成立，并制定平台运营规则、运营范围、面向主体、平台功能等内容。由于北京市新材料中心对纳米技术比较熟悉和了解，也负责相关政策的制定和解释，所以可由北京市新材料中心牵头成立相关机构、委派或任命相关人员，具体负责工程中心的管理和运营。

在北京市怀柔区，科学城也正在稳步建设和快速发展中。北京纳米科技产业园最终也将纳入怀柔科学城体系中，成为其中一个版块。怀柔科学城的定位是"世界级原始创新承载区"，空间范围拓展至密云区，规划面积从 41.2 km^2，扩展至 100.9 km^2。《北京城市总体规划（2016—2035 年）》指出，怀柔科学城将围绕北京怀柔综合性国家科学中心、以中国科学院大学等为依托的高端人才培养中心、科技成果转化应用中心三大功能板块，集中建设一批国家重大科技基础设施，打造一批先进交叉研发平台，凝聚世界一流领军人才和高水平研发团队，做出世界一流创新成果，引领新兴产业发展，提升我国在基础前沿领域的源头创新能力和科技综合竞争力，建成与国家战略需要相匹配的世界级原始创新承载区。

纳米科技也将成为科学城的一个不可分割的板块。北京纳米科技产业园在纳米科技研发与产业化方面有了很好的基础，已经建立了研发平台，凝聚了一批纳米科技方面的一流领军人才和高水平研发团队，也做出了部分世界一流创新成果，引领了纳米科技产业的发展，成为我国新兴产业的代表之一。由于科学城能够提供更全面、更完善的配套服务，如科技创新配套服务，有利于在空间上打破传统的科学分区，构建有利于创新的学术生态；能够在区域交通、优质教育医疗资源入驻、科技人才居住保障等方面工作，集聚足够的人才和资金，形成足够的支撑强度，更好地发挥集聚效应，体现整体功能，更好地发挥核心区外溢效应。纳米科技产业也将在未来受益于科学城的政策、技术、人才，也将会更好地利用相关资源，有更好的发展。

(3) 纳米科技工程中心的运营机制

①投资模式。工程中心所需费用由政府部门、企业、相关协会及其他社会资本等多种主体共同投资，探索以股份制形式或PPP形式完成平台建设。

②管理模式。由政府部门及相关机构人员、纳米科技领域专家成立工程中心理事会，授权给某国有或民营企业对工程中心进行日常管理。

③盈利模式。工程中心的投资者可从实验费用、产品收入、无形资产等方面获得收入，其中政府部门及非营利性机构将所得投入到工程中心或纳米科技产业的发展建设中。

5 北京市纳米科技产业发展建议

根据前文构建的纳米科技产业发展模式,政府是先决力量,技术是核心要素,人才是基础条件,市场是检验机制。下文即从这4个方面针对北京市纳米科技产业的发展提出相关建议。

5.1 政策维度

北京市纳米科技产业发展过程中,政府发挥的作用主要在于引导和激励而不是干涉,其角色定位应是纳米科技产业的调节者和促进者。政府的主要职能在于建立一种有利于纳米科技科技产业发展的稳定的、可预测的经济、政治氛围,为纳米科技产业研发创新和科技成果产业化创造良好的框架条件,如提供基础设施、制定产业政策和推动相关体制改革。同时,政府应致力于为纳米科技产业中各主体之间的合作提供支持和适当的激励,推动各个主体间正式或非正式的知识交流,促进高校、研究机构与产业界的联系,保证各项政策和条例在最大程度上对市场变化保持灵活性,以推动纳米科技研发与产品创新及产业集群发展和升级过程。北京市纳米科技产业发展应充分发挥政府与市场的互补作用,即发挥市场规律的作用,在市场机制领域内充分发挥市场作用,而在市场机制不能发挥作用的方面则由政府职能加以补充。

5.1.1 健全产业各项政策，充分发挥政府引导和激励作用

政府需要积极联合发展改革委、财政、税收等部门，在纳米技术、财政资助及科技金融等方面制定纳米科技产业发展相关配套实施政策体系，全力推动国家、省、市相关科技扶持策略；加强纳米科技领域相关企业评定标准的宣传、培训和落实力度，加大对纳米技术领域相关企业减免税、税收优惠等财税政策的落实，发挥税收政策对纳米科技产业的激励作用；全力支持企业进行纳米科技研发创新，并在政策上给予支持激励，开展纳米科技产业相关政策落实绩效评估工作，使纳米科技企业最大限度得到优惠；制定和实施适用于纳米技术领域相关企业必须遵守的行业标准，这些标准需全面考虑纳米科技产品生产工程中工人的安全、生产废物的处理、产品的利用及产品使用后的最终处理等的整个过程，尤其应重视纳米科技产品带来的健康和环境威胁。

5.1.2 完善产业发展监管机制，规范纳米科技产业发展环境

北京市纳米科技产业发展需要建立一个相对独立的监管机构，政府需加强各部门之间的协调，可以成立"纳米技术产业发展办公室"，专门管理纳米科技产业相关事宜，明确各部门分工，实现规范管理。同时，政府需要运用行政手段调控核心资源，如人才、资源、土地的流向，引导和支持纳米先进技术的发展，限制和淘汰落后生产力，积极引导落后产业向纳米技术、新材料、新能源等领域倾斜。纳米科技产业发展必须服从市场规律，善于利用市场规律，我们必须把握好市场与政府之间对纳米科技产业

发展影响的尺度，发挥市场监管作用。

北京市纳米科技产业发展还需要法律法规和政策制度的支撑。在执法上，要加强监管力度，尤其是加强纳米科技知识产权保护，建立规范化的管理制度，建立行政和执法责任制，推动纳米科技产业的监管机构和工作人员依法行政、依法执法和依法惩处，按照规定的权限管理纳米科技相关企业，使各项法律法规落到实处，以保护纳米科技企业的合法需求，同时也要保证政府行政监管质量，提高政府在纳米科技产业发展中的行政效率。

5.1.3 制定投资优惠政策，吸引社会资本投入研发与产业化

纳米科技产业具有资金需求量大、融资风险高等特点。纳米科技研发过程中需要耗费大量的财力、物力和时间，而科技创新又具有巨大的不确定性，中小企业往往无力独立从事这类研发活动。所以，处于初期的纳米科技产业需要政府以某种方式给予资助。

①政府有关部门需要加强与金融部门和机构的协调配合，协调金融资源，搭建纳米科技金融平台，形成以银行、证券、保险为核心的科技金融协调合作机制，加大纳米科技信贷支持力度，以支持纳米科技产业发展。

②充分发挥财政科技经费引导作用。财政科技经费可以通过贷款贴息、风险投资的方式支持企业纳米科技研发创新活动。同时，要引导和激励更多社会资源对纳米科技创新研发活动的资金投入，建立以政府投入为引导、以企业投入为主体、优惠政策做激励、银行贷款为扶持、社会资金和引进外资为补充的全社会纳

米科技创新投入体系。

③制定纳米科技产业发展的优惠政策，主要相关优惠政策是：一方面将对纳米科技企业的纳米技术转让、技术咨询等优惠，转向对具体纳米科技研究开发和技术成果转化的优惠，如对纳米科技产品试销或试验产品等减免增值税和所得税等；另一方面是以企业所得税为主的税收优惠转向流转税优惠，这可以避免出现纳米科技企业滥用相关税收优惠政策的现象。

④深化金融改革，推动金融创新，完善多层次的资本市场，建立和完善科技创新企业发展的信用担保体系，推动金融机构运用多种方式支持北京市纳米技术产业发展的需要。

⑤鼓励银行信贷积极向纳米科技企业提供技术援助贷款，并根据纳米科技企业的不同需求，创新性地提供相应的金融产品并开展信贷模式创新。此外，政府进行投资倾斜，使用贷款贴息和借款担保方式，减少直接投资和财政补贴，建立法律保障体系、信息服务体系，这些都是北京市纳米技术产业快速发展的保障。

⑥创立园区建设基金，用于园区基础建设和支持纳米科技产业发展，委托专业公司进行日常管理，聘请行业专家组成基金管委会对园区项目进行审核，对审核通过者给予相应资金支持以推动其市场化发展。

5.1.4 加大政府采购力度，示范纳米技术产品使用

我国应积极借鉴发达国家运用政府采购促进纳米科技产业发展的成功实践。一方面，政府可通过限制进口、预算控制、招投标等形式，引导和鼓励政府部门、企事业单位购买本地纳米科技设备及产品，以促进我国纳米科技产业的发展，即灵活运用现有

的各种政府采购方式，如限定政府采购中本地产品、实施政府收购等，购买我国纳米科技产品，提高本国纳米科技产品的采购比例，以此推动纳米科技产业发展。另一方面积极制定鼓励出口的政策措施，形成我国纳米科技产品进入国际市场的局面。此外，还应积极参加国际政府采购规则制定，签订国与国之间互相开放政府采购市场的协议，为我国纳米科技领域相关企业建立相关的国际法律咨询服务体系和合理的保护措施，以拓展国内纳米科技领域相关企业的国际市场空间。

北京市可以建立完善财政性资金采购自主创新的纳米科技产品的制度，完善自主创新的纳米科技产品认证制度，规范自主创新的纳米科技产品认定标准和评价体系工作流程。由市科技行政管理部门联合有关部门按照公开、公正的程序对自主创新纳米科技产品进行认定，并向全社会公告。同时，规范政府采购评审方法，给予自主创新的纳米科技产品优先待遇。完善以价格为主的招标项目评标制度，在满足采购需求的情况下，优先购买国产或市产纳米科技产品。

5.1.5 提升政府服务职能，为企业提供一站式服务

可以开发免费网上审批系统，通过与海关、规划局、环保局、城管局、人力资源社会保障局等部门联网，实现100%网上电子审批，使纳米科技产业园区的进出口业务、外资、经贸、规划、建设、环保、城管、财会、外事、民政、文卫、工商注册、税务登记等方面的行政许可事项全面实现网络操作。通过向园区纳米科技研发机构和企业提供一站式服务，简化操作流程，方便办事，提高政府服务效率。

5.2 技术维度

5.2.1 优化技术创新机制，鼓励纳米科技企业建立研发平台

加强纳米科技创新研发各基础设施建设、创造良好的产业创新发展环境、吸引和培育优秀纳米科技领域专业人才及创新创业人才是纳米科技产业园区工作的重要内容。为使北京纳米科技产业园发展成为科技创新和优化发展的重要基地，更好地发挥高新园区对全市经济科技发展的辐射作用，可以从政策、行动上着手将纳米科技研发创新与产业园区建设相结合，有效整合各种纳米技术相关资源，包括仪器设备、投资基金、人力资源、行业信息等，形成公共信息化应用平台，坚持以纳米科技企业为中心，以纳米科技企业需求为导向，充分发挥纳米科技企业主体的技术创新激情。

加快整合高校、中科院等科研机构的实验和科研资源，鼓励纳米科技企业自主建立或与科研院所及高等院校合作共同建立各类满足技术创新的研究开发机构中心，鼓励针对纳米技术难点和重点建立重点实验室和工程研究中心，建立纳米共性技术研发平台；积极开展纳米检测研究、安全评价及标准制定等工作，逐步形成纳米技术标准检测服务平台及技术与工程应用转化基地、纳米技术产业转化基地。形成与中国纳米技术产业协会相互支撑的格局，为北京市纳米科技产业乃至全国纳米科技产业的发展提供共性技术支撑服务，并在政策、科技计划立项、信息等方面给予支持和引导，投入相应人才、资金和设备，促进纳米科技创新要

素向企业研发机构流动,帮助纳米科技企业逐步向高新技术产业链的中高端层次发展,鼓励纳米科技企业与纳米科研单位之间的合作,提高纳米科技产品创新的潜力,全面提升纳米科技企业的经济效益。

准确了解园区优势及纳米技术市场发展趋势,准确定位纳米科技产业发展方向,进一步加强规划调控对园区专业化发展的引导指向作用,加速纳米科技创新成果转化及应用。加快创新成果应用,创建一批知名品牌,实现企业自由自创品牌,鼓励纳米技术创新研发,不断提高纳米科技企业的技术创新水平和产品附加值,加大纳米科技产业和产品的外向度,打造拥有良好经济生态效益的产品。通过建立综合性创新模式的技术支撑体系,进行系统性协同创新,形成产业聚集示范效应,带动全国纳米科技产业发展。

5.2.2 搭建国际合作渠道,去粗取精提升纳米技术水平

纳米科技产业孵化器、技术成果转化交易平台和纳米技术产业化基地建设是加速纳米技术产业化的 3 种主要方式。集合国内大学、科研院所和企业力量,集中优势力量突破纳米关键技术,加速纳米科技成果转化,是纳米科技产业发展的基础。同时,还要搭建综合科技服务体系争取国际力量,建立国内企业及研究所与国际先进企业、研究所相互交流合作的渠道和基地,吸纳国际先进技术为我国纳米技术产业转化添砖加瓦,提高纳米科技产业技术水平,推动我国纳米产业快速发展。

5.2.3 打造纳米科技产品标准，强化知识产权战略

目前我国纳米技术检测标准比较丰富，但纳米科技产品标准尚缺乏，主要原因是在企业标准和国家标准之间缺少一个桥梁。因此，建议由北京纳米科技产业创新联盟等组织形成纳米科技产品的行业标准，进而上升到国家标准，甚至国际标准（图5.1）。

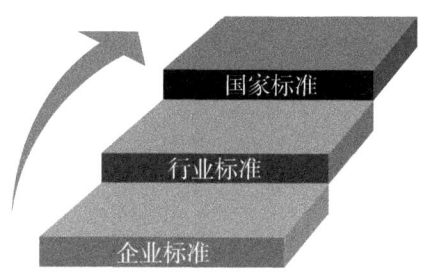

图5.1 纳米技术标准的层次

在制定纳米科技相关标准的基础上，加强纳米科技知识产权保护和专利申请策略，努力实现从孤立的专利技术向系列专利技术转移，使纳米专利技术形成一定的覆盖面。国内许多纳米科技企业不重视对纳米科技知识产权的保护，认识不到专利的重要性，这样就使知识产权和技术标准都有一定程度的流失。政府、企业和研发人员必须高度重视纳米技术专利的申请，切实保护纳米科技知识产权。

5.3 人才维度

5.3.1 构建纳米科技产业实用教育体系，构建专业人才队伍

持续创新是纳米科技产业持续发展的关键。纳米科技产业须是以技术创新驱动引导市场发展，必须保持持续的创新才能跟上整个产业发展的步伐。增加创新型人才资本投资是纳米技术产业实现创新和持续发展的根本。要根据纳米科技人力资本形成与发展的客观规律，开展相关教育培训工作。

逐步将大学科技园区作为纳米科技专业人才的实验基地。大学科技园可以促进产学研的充分结合，既有利于提高教学水平，又可以使大学科技园区保持活力，使技术创新具有恒久的生命力。纳米科技企业可通过与学校合作在高等院校建设纳米科技研究开发机构，实现纳米科技人才的双向交流和培养。同时，还可以调整高等教育体系，建立实用的纳米科技相关产业，通过"学校—企业—学校"的教育体系，提高大学参与纳米科技产业发展的程度。

创新型人才是技术创新的关键环节，实现产业化首先要引进和培养高层次科技领军人才、高级复合型管理人才、高技能型人才，并不断完善管理机制，搭建好人才支撑平台。可从科研院所、高校中引进行业内专业权威教授、副教授等参与纳米科技企业运营管理，以重点企业、高校和科研院所为主体，建设以强化纳米技术开发和以新产品、新工艺研发为主的工程（技术）研究中心、工程（重点）实验室、企业技术中心。发展一批纳米科技

企业主导、产学研紧密结合的产业技术创新联盟。一方面，充分发挥纳米科技领军人才的权威效应吸引现代大学生和年轻人参与到纳米科技产业化发展研发管理工作中来；另一方面，纳米科技领军人才在业内的权威性也给纳米科技产业下游市场或企业提供了保障，增强市场对纳米科技产品的信任度，提升了纳米科技产品的美誉度。

5.3.2 鼓励纳米科技企业完善内部能力培养和培训体系，完善人才管理制度

实现再教育与再培训制度化，是纳米科技企业真正走向"全面管理"与"专家管理"的综合之路。建立纳米科技企业的能力培养体系是人才培养的关键，可通过系统教育和职能教育2个渠道实现，使知识和能力分阶段、分层次地逐步进行，形成稳固的基础综合优势。

鼓励纳米科技企业投资纳米科技人才教育，推动纳米科技企业创新型人力资本投资与企业进步同步进行。纳米科技企业内部的教育培训要以员工能力的开发为主，完善相应的管理制度，创造有利于开发员工能力的组织机构和环境。纳米科技企业内部的教育与培训是"高技术产业人"的再教育过程，教育与培训重点可从补充纳米科技企业内部相关人员纳米知识和专业技能，转变为培养获取纳米科技高新知识和经营管理能力，激发自主创新、发现并解决问题的能力。对创新型人才资本投资给予赋税优惠，纳米科技企业在充分享受其他方面的税收优惠时，还可以享受创新型人才资本投资方面的税收优惠，以保障创新型人才资本的规模，推动纳米技术创新研发。同时，也要建立优胜劣汰、双向选

择的竞争机制,以保证纳米科技人才的合理流动,促进信息交融以确保人才资源素质的优良。

5.3.3 完善纳米科技产业的激励机制,提高纳米科技人才活力

创新是纳米科技产业发展的核心,完善的纳米科技产业创新研发的激励机制是纳米科技产业发展的关键。政府可在"千人计划"、海聚、高聚等人才引进方面给予政策支持。薪酬是一个重要的激励因素,物质利益的合理分配是激励机制最根本的动力。北京市纳米科技产业发展要取得竞争优势,首先,可改革目前的薪酬制度,实行灵活的工资机制和相应的待遇;其次,建立职工持股计划是激励的另一种重要形式,建立职工持股会、设立职工股、鼓励技术入股等都是职工持股计划激励方式的重要途径;最后,要加强企业文化建设,注重人才的精神激励,要通过企业精神的培育,形成共同的价值理念,通过教育培训,提高员工的思想政治素质和科学文化素质,通过公共关系和执业道德建设,规范员工行为,塑造企业形象,通过物质文化建设,增加员工的自豪感和归宿感。

5.4 市场维度

5.4.1 加强产业聚集区建设,优化纳米科技产业发展环境

从市场角度优化纳米科技相关资源配置,完善产业聚焦区建设。

①建设以北京纳米产业科技园为主体的产业化基地,以纳米

科技园、纳米孵化基地等为主体的纳米科技初创企业培育基地，以高校和中科院为代表的面向科研机构的孵化基地，以具有核心纳米共性技术及运作实力或金融资本的行业领军企业、龙头企业为主体的"产业孵化器"。

②建立以纳米技术专利为引领的纳米科技产业特区，围绕纳米科技知识产权改造、管理、应用、保护四大环节，分领域、分阶段建立以知识产权运营为核心的纳米科技知识产权发展线路图。此外，要加强纳米技术检测机构、安全评价中心及纳米科技产品安全评估认证中心的建立，及时跟踪国际纳米技术标准的发展动态，推动纳米科技产业的标准化及产业化。

③建立完善有效的信息沟通和协调机制，积极协调和激励纳米科技企业与高等院校、中科院等科研机构的关系和信息交流，增加有效信息的共享性，加快纳米科技成果转化与产业化。

5.4.2 优化科技成果转化机制，提高纳米科技产业化水平

由纳米科技企业或政府出资建立主要经营纳米科技创新产品成果转化业务的民办官助非营利机构、股份制公司，由熟悉政府科技政策、成果转化规律的综合管理者，进行日常经营管理。聘请熟悉纳米科技进展、产业需求的技术经纪人，以敏锐把握纳米科技和产品需求并衔接相关应用资源。这些经纪人可来源于各技术转移机构、投资机构和行业研究机构等，可以从成交的项目中分享收益。招募熟悉纳米科技产业情况和用户需求、有创业热情的专业技术人员，这些纳米科技人员可以来源于产业界及研究机构中有兴趣的中青年骨干及研发人员形成的团队。公共服务平台可设置纳米科技方面的博士后工作站、访问学者岗作为对接纳米

科技开发人员的载体，由职业经理人对纳米科技机构进行管理，实现纳米科技的基础研究、应用研究、小试、中试、产业化全过程管理，并与土地、资金、人才、管理、政策、市场等全要素结合，由纳米科技龙头企业、领军人才、知名团队带动形成纳米科技产业上下游协同机制全链条。

5.4.3 整合纳米科技产业资源，提升纳米科技产业竞争力

结合国家战略需求，始终坚持以市场为导向，鼓励纳米科技骨干企业整合纳米材料技术产业链和价值链，引导纳米科技企业发展环保、能源和高科技领域的纳米技术，重视以纳米技术为主导的新产品创新，扶植和培育纳米材料示范产业。重视纳米科技市场培育，在重视现实和显性市场的同时，更要重视潜在和隐性市场，积极培育纳米科技产业高端市场，紧抓纳米科技产业的商机。加强纳米科技产业同行业的合作，形成整体力量参与国际竞争，逐步由切入型向主导型过渡，使纳米科技产业成为新的主导性产业。

附　录

北京市纳米科技企业创新驱动发展调研问卷

尊敬的先生/女士：

您好！为了解北京市纳米科技企业发展现状、把握创新驱动影响因素，我们设计了以下无记名问卷，选项无关好坏或对错，只要选择符合您真实情况和想法即可。问卷所得数据仅用于研究分析，我们会对每一份问卷进行保密，请您如实填写。谢谢。

一、基本信息

1. 性别_____　（1）男　（2）女
2. 所在企业员工总数_____
3. 所在企业成立时长_____
4. 所在企业所属行业_____
   （1）电子与传感器件科技产业　（2）印刷制造产业
   （3）能源产业　（4）健康与环境产业
5. 所在企业性质_____
   （1）国有企业　（2）集体企业　（3）私营企业
   （4）混合所有制企业　（5）其他_____
6. 您的职位类型_____
   （1）高层管理人员　（2）技术/研发人员　（3）行政人员
   （4）营销推广人员　（5）生产运营人员　（6）其他_____

7. 您的年龄_____

(1) 20 岁以下　　(2) 21~30 岁　　(3) 31~40 岁

(4) 40 岁以上

8. 您的学历_____

(1) 博士研究生　　(2) 硕士研究生　　(3) 大学本科

(4) 大学专科及以下

二、量表题

9. 以下为纳米科技企业创新发展动力因素，根据您对企业实际情况的认识，评价各因素对企业创新行为的促进程度，对其进行打分，在相应分数的方格内打√或直接填写相应数字（1 表示促进作用非常弱，7 表示促进作用非常强，从 1 到 7 表示促进作用逐渐增强）。

因素	1	2	3	4	5	6	7
纳米科技研发产品可观的(潜在)市场规模							
纳米科技行业内激烈的同质化产品竞争							
纳米科技产业积极的政策支持							
纳米科技产业有力的知识产权保护							
北京市的区位优势（近邻高校、科研所等先进成果和人才高产机构）							
企业现有纳米技术的领先							
企业纳米科技研发带头人发挥的核心作用							
企业纳米科技的研发创新能力较强							
企业文化和激励机制							

10. 以下为纳米科技企业创新发展障碍因素，根据您对企业实际情况的认识，评价各因素对企业纳米科技创新行为的阻碍程度对其进行打分，在相应分数的方格内打√或直接填写相应

数字（1 表示阻碍作用非常弱，7 表示阻碍作用非常强，从 1 到 7 表示阻碍作用逐渐增强）。

因素	1	2	3	4	5	6	7
知识产权保护力度不够							
企业运营成本太高							
产品（潜在）市场规模较小							
缺乏完整的纳米科技产品标准							
缺乏纳米科技产品检测服务性平台							
缺乏纳米科技产业发展的政策性支持							
纳米科技企业融资困难							
缺乏纳米科技产品研发人才							
缺乏企业管理人才							
缺乏纳米科技产品市场营销人才							
纳米科技企业内部管理机制有待完善							
纳米科技产品创新周期太长							

11. 根据企业自身情况，评价以下几项费用的投入力度，对其进行打分，在相应分数的方格内打√或直接填写相应数字（1 表示投入力度非常小，7 表示投入力度非常大，从 1 到 7 表示投入力度逐渐增强）。

费用	1	2	3	4	5	6	7
纳米技术引进费用							
纳米科技研发人员费用							
纳米科技管理人员费用							
机器、设备费用							
原材料费用							
（租赁）厂房费用							
纳米科技新产品推广费用							

12. 根据企业自身情况，评价以下几项效益水平指标，对其进行打分，在相应分数的方格内打√或直接填写相应数字（1 表示效益水平非常低，7 表示效益水平非常高，从 1 到 7 表示

效益水平逐渐增强）。

指标	1	2	3	4	5	6	7
纳米专利申请量							
企业效益科技贡献率							
纳米科技新产品数量							
纳米科技科技成果数量							
纳米科技新产品销售收入							

三、选择题

13. 您认为北京市纳米科技企业未来发展前景如何（　　）

    （1）非常好，且很快能够在市场中占有重要份额

    （2）较好，但仍然需要很长时间的发展才能被市场认可

    （3）一般，与其余行业发展前景无太大差别

    （4）较差，很难实现市场化

    （5）非常差，无法实现长期发展

14. 影响北京市纳米科技企业市场化发展的重要因素有哪些（　　）（多选）

    （1）纳米科技产品市场需求缺乏

    （2）纳米科技产品营销推广力度不够

    （3）纳米科技产品不成熟

    （4）利润太少，无法支持企业长期发展

    （5）纳米科技产业政策制度环境不支持

    （6）对纳米科技产业市场的反应能力滞后

    （7）纳米科技企业运营成本太高，如_____

    （8）其他_____

15. 您认为纳米科技企业还需要哪些帮助（　　）（多选）
    （1）更多的政府优惠政策，如_____
    （2）一定的资金支持
    （3）提供更多的纳米科技产品客户来源
    （4）政府对社会消费方式的引导
    （5）有关纳米科技基地、平台供应支持
    （6）纳米科技人才引进支持
    （7）其他_____
16. 您对北京市纳米科技企业创新发展的相关建议

参考文献

[1] 科技成果落地北京催生新产业：纳米园开工[J]. 硅谷, 2012（10）: 22-25.

[2] 纳米材料[J]. 新材料产业, 2013（7）: 84-87.

[3] 李恒博. 气体环境下金属与金属氧化物催化剂纳米颗粒表面形貌研究[D]. 杭州: 浙江大学, 2016.

[4] 北京纳米科技产业园唱响"高精尖"主题曲[J]. 功能材料信息, 2015, 12（1）: 26.

[5] 操秀英. 探索纳米科技成果批量转化的"北京模式"[N]. 科技日报, 2013-06-20（8）.

[6] 董啸啸. 浅析纳米技术的应用研究[J]. 化学工程与装备, 2009（3）: 83-84.

[7] 俄罗斯纳米技术领域新进展[J]. 企业技术开发, 2011, 30（23）: 186.

[8] 方彬楠. 怀柔纳米科技产业园晋级"国家队"[N]. 北京商报, 2013-07-01（1）.

[9] 冯秀英. 北京纳米科技产业化提速[N]. 北京商报, 2012-04-23（1）.

[10] 龚维幂, 任红轩, 万菲. 世界纳米科技企业现状与我国纳米企业发展需求分析[J]. 新材料产业, 2014（8）: 27-32.

[11] 海潮. 德国抢占纳米产业先机[N]. 学习时报, 2007-08-13（7）.

[12] 洪敏, 朱进, 尹汉东. 纳米材料应用于DNA检测领域的研究进展[J]. 分析化学, 2011, 39（1）: 146-154.

[13] 黄晓莉, 郑佳, 王莹, 等. 世界纳米发光材料及器件产业现状与发

展：基于1989—2011年科技论文统计分析[J]. 科技管理研究, 2014, 34 (4): 110 – 114.

[14] 新型纳米机器人有助眼底精准给药[EB/OL]. (2018 – 11 – 04) [2018 – 11 – 15]. http://www.xinhuanet.com/world/2018 – 11/04/c_1123659781.htm.

[15] 刘鸣华, 任红轩. 北京纳米科技创新链分析[J]. 新材料产业. 2015 (8): 8 – 13.

[16] 刘馨. 纳米产业破题北京新材料产业发展：访北京新材料发展中心主任肖澜[J]. 新材料产业, 2013 (6): 21 – 23.

[17] 罗金. 中俄纳米产业合作研究[D]. 哈尔滨：黑龙江大学, 2018.

[18] 钮晓鸣. 上海纳米科技的发展布局研究[J]. 新材料产业, 2002 (1): 59 – 60.

[19] 平朝霞. 北京纳米材料产业发展分析[J]. 新材料产业, 2014 (1): 18 – 22.

[20] 平建峰. 基于纳米功能材料的乳品安全和品质快速检测方法与仪器研究[D]. 杭州：浙江大学, 2012.

[21] 任红轩. 日本的纳米技术政策分析[N]. 科技日报, 2005 – 12 – 08 (11).

[22] 任红轩, 江潮, 张宇. 纳米技术的应用与标准化[J]. 中国标准化, 2007, 9: 21 – 23.

[23] 任红轩, 黄进, 黄行九, 等. 纳米科技产品及应用[M]. 北京：科学出版社, 2010.

[24] 任红轩. 纳米技术产业化模式初探[J]. 新材料产业, 2010 (11): 78 – 81.

[25] 任红轩. 战略性新兴产业之纳米新材料[J]. 新材料产业, 2010 (12): 54 – 57.

[26] 任红轩. 美国 NNI 评估结果对我国发展纳米科技的启示[J]. 新材料产业, 2011 (4): 13–15.

[27] 任红轩. 纳米科技引发产业变革[J]. 新材料产业, 2013, 2: 41–43.

[28] 任红轩. 北京纳米科技产业的优势与发展建议[J]. 新材料产业, 2013 (10): 56–58.

[29] 任红轩, 刘华强, 张韵, 等. 中国新材料产业热点领域产业发展战略[M]. 北京: 科学技术文献出版社, 2015.

[30] 任红轩. 韩国纳米科技政策带来的启示[J]. 张江科技评论, 2017, 10: 7–9.

[31] 任红轩. "纳米"来啦: 令人脑洞大开的纳米科技[M]. 中国质检出版社, 中国标准出版社, 2018.

[32] 商凡, 刘维佳, 张岗, 等. 纳米材料与技术在节能环保领域的应用[J]. 山东化工, 2013, 42 (9): 50–53.

[33] 盛景荃. 上海: 纳米产业步步为营[J]. 华东科技, 2008 (1): 64–66.

[34] 孙玮. 金属纳米器件的结构与性能研究[D]. 南京: 南京大学, 2013.

[35] 突破纳米材料的应用瓶颈[J]. 现代制造, 2005 (25): 30–31.

[36] 王德禄, 刘美燕. 把握规律 顺势跨越: 中国纳米科技与产业发展路径[J]. 新材料产业, 2007 (6): 18–20.

[37] 何明. "微生物—纳米整合技术"将为我国盐碱地治理提供科技支撑[EB/OL]. (2018-09-24) [2018-11-15]. http://news.cyol.com/yuanchuang/2018-09/24/content_17617576.htm.

[38] 魏海. 纳米技术产业化发展的创新要素分析[J]. 天津科技, 2015, 42 (9): 27–28.

[39] 肖澜. 北京纳米科技产业面临前所未有的发展机遇[J]. 新材料产业, 2012 (4): 19–20.

[40] 许华胜. 我国纳米材料产业化机制研究[D]. 上海：同济大学，2007.

[41] 闫金定. 我国纳米科学技术发展现状及战略思考[J]. 科学通报，2015，60（1）：30-37.

[42] 闫永达，孙涛，董申，等. 基于SPM的纳米加工技术研究进展[J]. 机械工程学报，2003（9）：38-43.

[43] 于立平. 中国纳米材料市场现状及趋势展望[J]. 商业文化（学术版），2007（4）：235.

[44] 余昌敏. 纳米粒子的改性及其在荧光检测中的应用探讨[D]. 广州：华南理工大学，2013.

[45] 张钧，鞠伟. 基于纳米技术的环境保护新材料与污染防治新工艺的研究[J]. 环境技术，2006（3）：26-32.

[46] 张立德. 我国纳米产业的现状、挑战和对策[J]. 现代制造，2005（21）：65-67.

[47] 张鹏. "三部曲"助力"三级跳"科技成果转化成效显著[N]. 中国高新技术产业导报，2016-05-30（5）.

[48] 赵爱琴，苏岚. 高科技产品市场化中的营销策略研究[J]. 北京工业大学学报（社会科学版），2005（4）：11-14.

[49] 赵邦洪，石险峰，张茂林. 高新技术产业发展融资体系探讨[J]. 金融管理与研究，2011（2）：4-8.

[50] 赵红燕. 北京市纳米企业科技创新驱动因素研究[D]. 北京：北京林业大学，2017.

[51] 中国超分辨光刻装备研制取得系列技术突破 拥有完全自主知识产权[EB/OL].（2018-11-29）[2018-11-30]. http://www.cankaoxiaoxi.com/society/20181129/2360393.shtml.

[52] 周菲. 波特论政府在企业战略决策中的作用[J]. 管理世界，1997

(5): 215-216.

[53] 朱明. 发达国家促进高新技术产业发展的措施及启示[J]. 经济纵横, 2009 (11): 105-107.

[54] 庄志彬. 基于创新驱动的我国制造业转型发展研究[D]. 福州: 福建师范大学, 2014.

后 记

本书从经济学和管理学的角度，系统梳理了北京市纳米科技产业发展现状、特点等总体情况，借鉴国内外优秀产业发展模式，深入总结北京市纳米科技产业发展过程中形成的有益模式和经验，提出"政府—技术—人才—市场"四角联动发展模式，以及与模式对应的路径与措施，包括科技研发、成果转化、产业升级等多个阶段，为后续北京市纳米科技产业快速发展和我国纳米科技产业发展提供借鉴。

由于缺少国内外可供参考的模板，导致本书编撰难度很大，历时2年多，其间数易其稿，并有几次结构性的大调整，在最后一稿上，对相关数据进行了补充和修改，才得以成稿。这些工作所幸得到了很多领导和朋友的关心。由于笔者学识浅薄，水平有限，特别是对一些专业的问题，理解不到位，书中观点难免有失偏颇，不足之处更是在所难免，希望得到各位专家和读者的不吝赐教。

本书主要由余吉安、任红轩、李萌编著，参编人员还有清华大学互联网产业研究院赵红燕助理研究员，国家知识产权局专利局复审和无效审理部孙丽芳二级调研员，国家纳米科学中心窦凯飞高级工程师、万菲工程师、姜永刚工程师，还有北京林业大学经济管理学院刘会、周煜杨、张芮菱、张娜等在收集信息、整理材料方便给予很大支持。

在此要特别感谢北京市科委龚维幂博士、北京市新材料中心杨晓丽博士。他们做了大量的组织协调工作，为顺利收集相关资料提供了极大帮助。也要感谢北京市怀柔区纳米科技园为调研和访谈提供的便利。